U0450577

元 程棨《摹楼璹耕作图》之"一耘"与"收刈"

北宋 赵佶 《文会图》（局部）

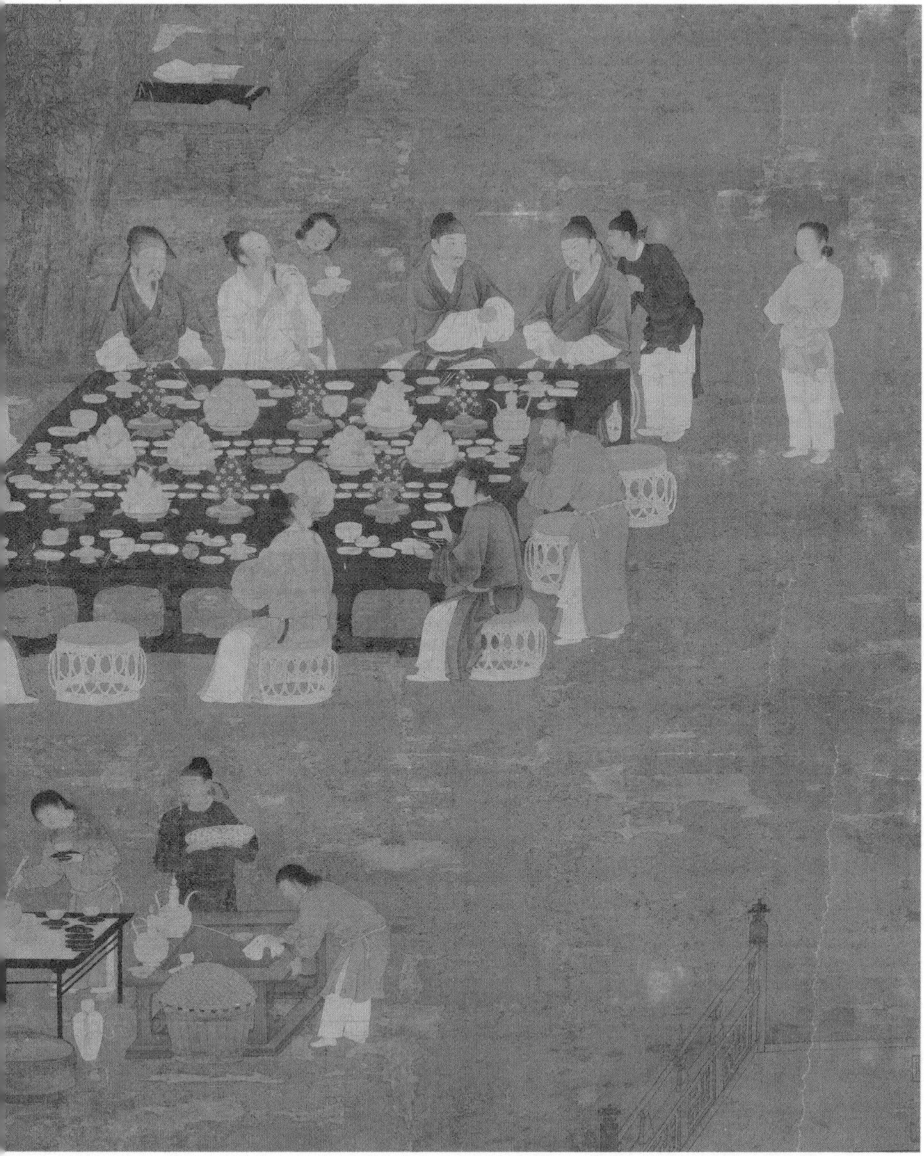

元 钱选 《扶醉图卷》

貴賤造之者有醉輒設若先醉謂語客我醉欲眠君且去

五代十国 顾闳中 《韩熙载夜宴图》（局部）

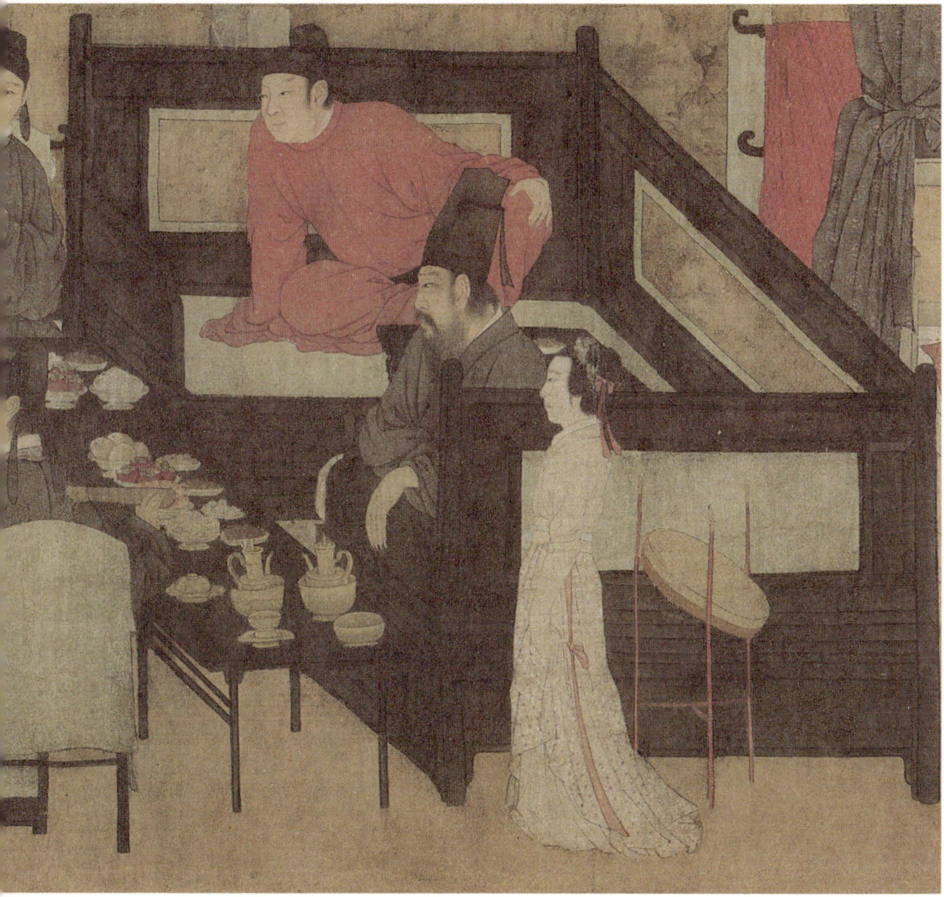

南宋 佚名 《春宴图》（局部）

汉字里的古人生活

中国人的滋味人生

许晖 著

河北出版传媒集团
河北教育出版社

图书在版编目（CIP）数据

汉字里的古人生活：中国人的滋味人生 / 许晖著.
石家庄：河北教育出版社，2025. 5. -- ISBN 978-7
-5545-8610-5

Ⅰ. H12；TS971.2

中国国家版本馆 CIP 数据核字第 20243MR433 号

汉字里的古人生活：中国人的滋味人生
HANZI LI DE GUREN SHENGHUO: ZHONGGUOREN DE ZIWEI RENSHENG

作　　者	许　晖
出 版 人	董素山
策　　划	汪雅瑛　　康瑞锋
责任编辑	刘书芳　　温彦敏
特约编辑	孙旭宏　　郭紫怡
装帧设计	利　锐

出　　版	河北出版传媒集团
	河北教育出版社 http://www.hhep.com
	（石家庄市联盟路 705 号，050061）
印　　制	三河市中晟雅豪印务有限公司
排　　版	张　珍
开　　本	875 mm×1230 mm　1/32
印　　张	7.25
字　　数	167 千字
版　　次	2025 年 5 月第 1 版
印　　次	2025 年 5 月第 1 次印刷
书　　号	ISBN 978-7-5545-8610-5
定　　价	48.00 元

版权所有，侵权必究

目录

五谷 /001
禾 /003　黍 /007　年 /011

来、麦 /015
来 /016　麦 /019

周、秦 /023
周 /024　秦 /028

肉食 /033
六畜 /034　祭牲 /037　祭肉 /039　天子之膳 /042　八珍 /044
食忌 /049　脍炙 /054

五味 /057

五菜 /061
葵 /062　韭 /064　藿 /066　薤 /068　葱 /071

七菹 /073

食器 /077

鼎 /079　豆 /083　镬 /087　俎 /090　匕 /095　箸 /101

进食 /107

饮酒 /113

酒 /114　酒德 /117　饮酒的礼仪 /120　浮以大白 /124
酒令大如军令 /126　病酒 /129

酒器 /131

爵 /135　尊 /138　彝 /141　角 /145　壶 /147　滑稽 /151
雅量 /154　不倒翁 /157

饮料 /159

饮 /160　六饮 /163　制冰 /165

座席 /169

筵席 /170　坐姿 /173　坐向 /177

俗语 /179

一日三餐 /180　大快朵颐 /184　开荤 /188　打牙祭 /191
苦酒 /195　饮鸩止渴 /197　饯行 /201　钟鸣鼎食 /204
食指大动 /208　黄瓜 /212　鲍鱼之肆 /216

五谷

◈ 中国人常说"五谷杂粮",将五谷和杂粮并列,五谷指主食,杂粮指辅食。米和面以外的粮食统统称作"杂粮",这个常识尽人皆知,但何谓"五谷",却极少有人能说清楚。

不过,早在汉代,人们对于五谷的分类就已经有了分歧。

据《周礼》记载,周代有"疾医"一职,职责是"掌养万民之疾病"。春夏秋冬四时皆可致病,疾医于是"以五味、五谷、五药养其病",东汉经学大师郑玄注解说:"五谷,麻、黍(shǔ)、稷(jì)、麦、豆也。"

孟子在《滕文公上》中说:"后稷教民稼穑,树艺五谷,五谷熟而民人育。"东汉经学家赵岐注解说:"五谷,谓稻、黍、稷、麦、菽(shū)也。"

"麻"指麻类的纤维植物,主要用于制绳和织布,麻的籽油性重,不宜多食;"黍"就是今天所说的黏性黄米;"稷"指小米,属于古代最贵重的粮食,因此被誉为"五谷之长",封为"谷神",与土地神"社"合称"社稷",代指国家;"菽"则是豆类的总称。

综上所述,郑玄和赵岐所代表的汉代对五谷的分类,差异就在于麻和水稻。此外还有"六谷""九谷"这样更详细的分类:六谷中增加了粱,粱不是高粱,而是糯性小米,属于小米中的上品,即所谓"食之精者",又将菽换为菰(gū),菰的果实称"菰米",菰的嫩茎基部经过黑粉菌寄生后膨大就是茭白,古人以为"美馔";九谷则为六谷加麻、大豆、小豆。

除此之外甚至还有"百谷"之称。百谷并非指一百种谷类，而是极言其多，也由此可见古人对粮食作物的分类之细。

因此，古人所谓五谷、六谷或九谷，其实并不单单指稻米和小麦这两样细粮，而是已经包含了小米、豆类等粗粮或杂粮，今人不察，硬生生将"五谷"和"杂粮"割裂、对立起来，实属妄言。

以上这些谷类作物，煮熟之后呈粒状，故古人称之为"粒食"。粒食乃是中原民族区别于周边民族的重要特征，正如《礼记·王制》所载："东方曰夷，被发文身，有不火食者矣。南方曰蛮，雕题交趾，有不火食者矣。西方曰戎，被发衣皮，有不粒食者矣。北方曰狄，衣羽毛穴居，有不粒食者矣。"火食，吃熟食；雕题，以丹青雕刻其额；交趾，两足相向内交。东夷、南蛮、西戎、北狄等周边民族五谷稀缺，因此也就没有吃熟食（即火食、粒食）的习惯。

有心的读者朋友会发现，除了麻、麦、菽之外，几乎所有的谷类作物都有"禾"这个核心字符，比如稻、黍、稷、秫（shú，黏性谷物）、稌（tú，黏性稻）等。即使是五谷之"谷"，繁体字写作"穀"，仍然从"禾"，因此，本文将"禾"列为第一个加以解说的汉字；"黍"也属于"禾"系列，而且在古人的祭祀中占有非常重要的地位，因此，本文将"黍"列为第二个加以解说的汉字；鲜为人知的是，"年"这个字也属于"禾"系列，延续数千年从未间断的过年习俗之所以被人误解为驱除怪兽的荒诞行径，就是因为不理解"年"与"禾"的关系，因此，本文将"年"列为第三个加以解说的汉字。

图1　　　　　　图2

禾

先说"禾"。

商代的甲骨文中有大量"受禾"的卜辞。"受"是获得、得到的意思,"受禾"即卜问农作物禾的收成有多少,可见上古时期人们对粮食收成的关心。

"禾"的甲骨文字形之一(图1),一眼就能够看出这是一株栩栩如生的禾谷的形状。徐中舒先生在《甲骨文字典》中解释说:"象禾苗之形,上象禾穗与叶,下象茎与根。""禾"的甲骨文字形之二(图2),左边形象地画出了下垂的谷穗,因此,这个字形更准确地说并非"象禾苗之形",而是像一株已经成熟的谷子之形。"禾"的金文字形(图3),不仅更美观,而且左边谷穗下垂的样子更加栩栩如生,仿佛微风吹过,谷穗犹能轻轻摆动一样。"禾"的小篆字形(图4),紧承甲骨文和金文字形而来,几乎跟我们现在使用的"禾"字没有任何区别。

图3　　　　　　　图4

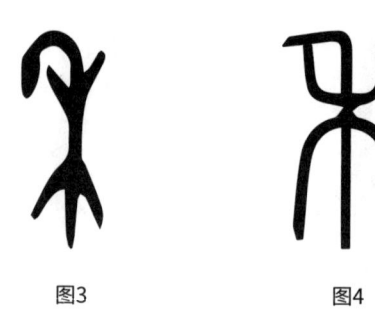

《说文解字》:"禾,嘉谷也。二月始生,八月而熟,得时之中,故谓之禾。禾,木也。木王而生,金王而死。"从上面的字形看得很清楚,"禾"本是一个象形字,在这里,许慎用会意字来加以解说。而且,许慎还继承了汉代的五行学说,用五行相生相克的原理,把"禾"字释义为从"木",进而附会说:"木王而生,金王而死。"

西汉时期,淮南王刘安召集宾客编写的《淮南子》一书,其中《坠形训》中写道:"木胜土,土胜水,水胜火,火胜金,金胜木,故禾春生秋死。"东汉学者高诱注解说:"禾者木,春木王而生,秋金王而死。"意思是春天属木,木为王,秋天属金,金为王,因此"禾春生秋死"。这不过是汉人用五行生克理论来附会解释禾的荣枯而已,许慎正是继承了这一穿凿附会的错误学说。

至于许慎所说的"禾,嘉谷也",这是因为粮食乃是维系人类生存的根基,因此美其名曰"嘉谷"。

综上所述,"禾"其实有广、狭两层含义。狭义的"禾"专指谷子,我们平时所说的"禾苗",没有抽穗扬花的叫"苗",已经抽穗扬花的才叫"禾",因此,"禾"的甲骨文和金文字形中才会出现下垂的谷穗。谷子的果实叫"粟",脱壳后才是俗语所称的小米。

秦国丞相吕不韦集合门客编撰的巨著《吕氏春秋》有《审时》一篇,其中有对谷子生长的精细观察:"得时之禾,长秱（tóng）长穗,大本而茎杀,疏穖（jǐ）而穗大,其粟圆而薄糠,其米多沃而食之强。"

"得时"指适合农时,这里描述的是正当农时而播种、生长的谷子的状态。谷穗的总梗称"秱",适合农时的谷子,长梗长穗,根大而茎稍小；谷穗中分枝的小穗称"穖",籽粒就像珠玑互相串联一样,适合农时的谷子,分枝的小穗个个饱满,中间又疏远而有间隙,这样组成的总穗才会庞大；谷子的果实称"粟",谷壳称"糠",适合农时的谷子,果实丰满而谷壳极薄；谷子脱壳后称"米",也就是小米,适合农时的谷子,脱壳后的小米数量多且圆润肥美,可想而知吃下去之后有多么长气力！

广义的"禾"则泛指一切谷类,甲骨卜辞中的"受禾"即为泛指。

有趣的是,"禾"的甲骨文和金文字形中那颗下垂的谷穗,还被孔子赋予了崇高的道德含义。据《淮南子·缪称训》载:"夫子见禾之三变也,滔滔然曰：'狐乡丘而死,我其首禾乎！'"高诱注解说:"三变,始于粟,粟生于苗,苗成于穗也。"这是禾由播种到成熟的三种变化。

至于"狐乡丘而死"的说法就更有意思了。古人认为狐狸有三种德行,许慎在《说文解字》中为"狐"字释义时说:"有三德:其色中和,小前大后,死则丘首。"狐狸的毛色中和,躯体前面小后面丰大,这两样不知道算是什么德；但是第三样"死则丘首"倒确实可以称得上德了。

什么叫"死则丘首"？《礼记·檀弓上》记载了狐狸的这个有趣的德行:"大公封于营丘,比及五世,皆反葬于周。君子曰：'乐,乐其所自生。礼，不忘其本。古之人有言曰：'狐死正丘首。'仁也。'"

大公指辅佐周武王建立周朝的太师姜太公吕望，周朝建立后被封于齐国。姜太公以下一直到第五代，死后都没有葬在受封的齐国，而是从齐国返回周的领地而葬。这种不忘故国的行为被君子评价为：先王制乐，是缘于爱悦自己的王业所产生的德行之根本；先王制礼，也是不忘自己王业的根本。由此而引出古人之言："狐死正丘首。"据说狐狸临死之前，一定要面对着自己丘窟的方向，因此后人用"狐死首丘"这个成语来比喻不忘本或者对故国、乡土的思念之情。这不是狐狸的德是什么？

至于孔子看到禾的三变而发出"我其首禾乎"的感叹，高诱注解说："禾穗垂而向根，君子不忘本也。"让我们再重温一下"禾"的甲骨文和金文字形，左边那颗下垂的谷穗正是垂向谷子的根部，难怪孔子有感而发啊！

《淮南子·缪称训》紧接着得出结论："故君子见善则痛其身焉。"君子所痛的，正是痛苦于自己不能以禾为榜样，三变而向根，"首禾"因此成为不忘本和向善的代称。

图5　　　　　　图6

黍

再说"黍"。

同"受禾"一样，甲骨卜辞中也屡屡出现"受黍年"的记载，这是在占卜这一年的黍子是否丰收，黍在古代农作物中的重要性可见一斑。

"黍"的甲骨文字形之一（图5），一株黍子的形状被描画得栩栩如生。甲骨文大家罗振玉解释说："黍为散穗，与稻不同。"这个字形上部斜垂的三个三叉之形正是散穗的形象写照，由此也可知这是一株散穗下垂、已经成熟的黍子。

"黍"的甲骨文字形之二（图6），右边相同，仍然是一株成熟的黍子，左下角非常意外地添加了一个"水"旁。有的学者认为这不是水形，而是脱落的黍子的籽粒，但脱落的籽粒用几个小点示意即可，而这个字形中明明有一个表示弯曲流动的水的"S"形。因此可以确定，这

图7　　　　　　图8

个甲骨文的"黍"的确从"水"。

"黍"的金文字形（图7），左边是"水"，右边是"禾"。我们重新回头看一下"禾"字的甲骨文和金文字形，都没有三叉的散穗之形，因此"黍"的金文字形干脆将三叉的散穗之形简化为"禾"，虽经简化而更容易书写，但却也失去了黍子的原始形状。

"黍"的小篆字形（图8），变左右结构为上下结构，上"禾"下"水"的中间添加了一个半圆形。有人认为这个半圆形乃是黍子散穗之形的讹变，也有人认为这个半圆形表示房屋，在房屋里面用黍子酿酒。

《说文解字》："黍，禾属而黏者也。以大暑而种，故谓之黍。从禾，雨省声。孔子曰：'黍可为酒，禾入水也。'""黍"本是一个象形字，许慎却把它当成了形声字，进而将小篆字形下面的半圆形和水形看作"雨"，表声。这一释义很显然是错误的。

"黍"的本义是有黏性的谷物，去皮后称大黄米。中国社会科学院杨升南教授在《商代经济史》一书中把黍分为黏性和不黏性两个变种，他认为从水的"黍"字即是黏性黍，也就是许慎所说的"禾属而黏者"，不从水的"黍"字则是不黏性的黍。

按照杨升南教授的观点，孔子所言"黍可为酒，禾入水也"显然是指黏性黍，"黍"的甲骨文字形之二和金文字形都从水，这就表示用水和黍子酿酒，上述"黍"的小篆字形"也有人认为这个半圆形表示房屋，在房屋里面用黍子酿酒"的看法即由此生发而来。

用黍子酿成的酒称"黍米酒"或"黍酒"。杨升南教授写道："凡谷类作物，黏者比不黏者优。黏者种植要细心，而收获量在同一面积的土地上，黏者要低于不黏者。"因此作为粮食的黍子和用黍子酿成的黍酒都极为贵重，非贫寒之家所能享用。

《论语·微子》中有个故事，子路跟随孔子出行，落在了后面，遇到一位老丈，子路问他有没有见到自己的老师，老丈说出了一句名言："四体不勤，五谷不分，孰为夫子？"然后老丈"止子路宿，杀鸡为黍而食之"。杀鸡犹可，老丈竟然能够用黍米招待子路，可见并非一般贫寒农家。果然，孔子听说后下了一个判断："隐者也。"这是一位隐士，家境才能如此殷实。这也是"黍"为贵重粮食的一个旁证。

《吕氏春秋·审时》中有对黍子生长的精细观察："得时之黍，芒茎而 㯬（xí）下，穗芒以长，抟（tuán）米而薄糠，舂之易，而食之不噎（yuàn）而香。""㯬"通"檄"，无枝为檄，"㯬下"指黍子的根部不分枝杈；抟，圆；噎，味美。适合农时的黍子，茎部长满细芒，根部不分枝杈，禾穗生满长长的芒刺，黍米圆而壳极薄，舂起来非常容易，吃起来则香而不腻。

如此美味的食物，一定为贵族阶层所享用，因此，"黍"也作为祭祀宗庙的祭品。《礼记·曲礼下》中载："凡祭宗庙之礼……黍曰芗（xiāng）合。"专用于宗庙祭品的黍子称作"芗合"。"芗"专门用来形容谷子的香气。唐代学者孔颖达注解说："黍曰芗合者，夫谷秋者曰黍，秫既软而相合，气息又香，故曰芗合也。""秫"也指黏性谷物。

黍酒同时也作为尊贵的祭品。古人将黑色的黍子视作嘉谷，乃是祥瑞的象征。这种黑黍有一个专用字，叫"秬（jù）"。用黑黍和郁金草酿成的酒叫"鬯（chàng）"。郁金草可不是现在说的郁金香，而是一种多年生草本植物，姜科，名为郁金。秬鬯这种香酒用于祭祀降神及赏赐有功的诸侯。秬鬯酒"芬芳攸服"，酒香芬芳浓郁，饮后使人舒泰畅达，当然也为神灵所喜。

《礼记·表记》中载："天子亲耕，粢（zī）盛秬鬯，以事上帝。""粢"是祭祀时用的谷子，"粢盛"就是盛在祭器内以供祭祀的谷物。粢盛和秬鬯，都是天子亲耕的仪式中用来祭祀上帝的东西，乃天子所专用。

据战国时期齐国的淳于髡所著《王度记》载："天子以鬯，诸侯以薰，大夫以兰芝，士以萧，庶人以艾。"薰是名为蕙草的香草，兰芝是兰草和灵芝，萧是艾蒿，艾是供针灸用的艾草。可见鬯只能供天子专用。

除了祭祀降神及赏赐有功的诸侯之外，用黑黍和郁金草酿成的秬鬯还有一项奇特的用途。据《周礼》记载，周代有"小宗伯"一职，负责掌管王国祭祀的神位。当周天子驾崩的时候，小宗伯要做一件在今天看来稀奇古怪的事，这件事叫"大肆"："王崩，大肆以秬鬯渳（mǐ）。""肆"的本义是摆设、陈列；"大肆"就是把天子的尸身陈列出来；"渳"是动词，指清洗尸身。这句话的意思是：天子驾崩之后，小宗伯要先"大肆"，然后用秬鬯这种香酒来清洗天子的尸身。这就是"天子以鬯"的真正含义。

"黍"之为"黍"，不亦贵乎？

图9　　　　图10　　　　图11

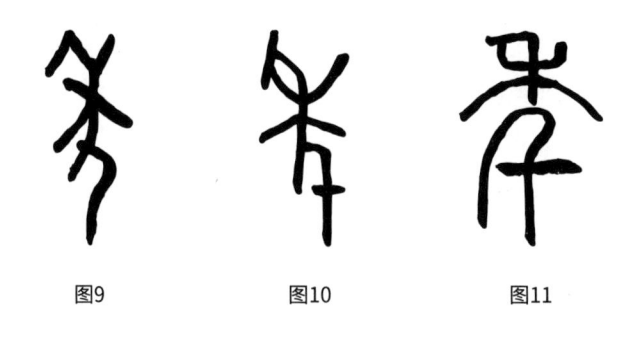

年

最后说"年"。

中国民间有一个流传久远的传说，认为年是一种怪兽，人们过年放鞭炮是为了赶走这头怪兽，辟邪驱凶，保佑家中平安。奇怪的是，任何典籍中都没有记载过这头叫"年"的怪兽。那么，"年"到底是什么东西？"过年"的正确含义又是什么呢？

"年"的甲骨文字形（图9），上面是"禾"，像一株已经成熟的沉甸甸的谷物，下面是一个面朝左、手臂下垂、弓着腰的"人"。甲骨文学者叶玉森先生在《说契》一书中释义为："疑从人戴禾……禾稼既刈（yì），则捆为大束，以首戴之归。"刈，收割。叶玉森的意思是说：庄稼收割完之后，农民们将它们扎成一捆一捆的大束，然后背在背上和头顶，运回家去。这样的场景，在今天的中国农村仍然司空见惯。

"年"的金文字形（图10），上面还是"禾"，下面的"人"形稍有变化，为了表示农人弓腰的模样，特意在农人的腰部加了一横，但这一变化却为以后字形的讹变埋下了伏笔。

我们来看"年"的小篆字形（图11），下面的"人"形讹变成了"千"，以至于许慎根据这个字形错误地认为"年"乃是一个"从禾千声"的形声字，因此，《说文解字》收录的这个字就写成了上禾下千的"秊"。而我们今天使用的"年"字则完全看不出"禾"和"人"的组合了。

《说文解字》："秊，谷熟也。""年"的本义就是谷物成熟。《春秋穀梁传·桓公三年》载："五谷皆熟为有年也。"《春秋穀梁传·宣公十六年》又载："五谷大熟为大有年。"都是谷物成熟之意。因此，甲骨文学者于省吾先生在《甲骨文字释林》中总结说："年乃就一切谷类全年的成熟而言。"

儒家十三经之一的《尔雅》是中国最早的一部解释词义的词典，该书《释天》中说："载，岁也。夏曰岁，商曰祀，周曰年，唐虞曰载。"唐虞指唐尧和虞舜的时代。也就是说，中国的纪年方式，最早的唐虞时代称作"载"，夏代称作"岁"，商代称作"祀"，直到周代才改称为"年"。北宋学者邢昺注解说："年者禾熟之名。每岁一熟，故以为岁名。"远古时期，人类的纪年方式非常质朴，即直观地以庄稼成熟的周期来纪年，世界上的许多民族都曾经采用过这种纪年方式。

但是，作为纪年方式的"年"仅仅单纯地指谷物成熟吗？事实并非如此，从"载"（尧舜）、"岁"（夏）、"祀"（商）一直到"年"的演变就可以看得很清楚，用作纪年的"载""岁""祀"都有祭祀的意思。

先看"载"。《国语·晋语四》记秦穆公设宴招待逃亡的晋国公子重耳，重耳的随从赵衰对秦穆公说："重耳若获集德而归载，使主晋民，成封国，其何实不从。"这段话的意思是："重耳如果能够得到国君您的这些恩惠，回国后祭祀宗庙，成为晋国百姓的国君，得到封国，他怎么会不跟从您呢？"这是赵衰游说秦穆公帮助重耳回国继承君位的一段说辞，此处的"载"即祭祀之意。紧接着，晋惠公死，秦穆公送重耳回晋国，"及河，子犯授公子载璧"。子犯是重耳的舅舅，到了黄河边，子犯把"载璧"交给重耳，"载璧"即祭祀所用的璧。此外还有"载社"之称，指祭祀土地神的庙。

再看"岁"。《左传·哀公十六年》有"国人望君如望岁焉"的记载，意思是国人盼望您就像盼望一年的收成一样。一年收成既毕，年终时要祭祀众神，称之为"腊祭"，腊祭前一日要击鼓驱疫，谓之逐除，这就叫"岁除"，也含有祭祀的意思在内。

再看"祀"。"祀"的本义就是祭祀，其义甚明。

因此，与"载""岁""祀"一脉相承而到周代的"年"，仍然继承了前几代祭祀的含义。庄稼收割完毕，古人要庆祝丰收，同时祭祀祖先神灵，举行的这个祭祀的仪式就称作"年"。此外还有一个旁证，著名语言学家王力先生在《王力古汉语字典》中说："西周的早期铜器铭文，抑或称年曰祀。"可见即使使用"年"的周代，也仍然继承了"商曰祀"的传统。

日本著名汉学家白川静先生在《常用字解》一书中有极富启发性的论述。他认为："'禾'形示禾形头巾，象征稻魂（身居稻秧的神灵）。插秧时节，为祈祷丰收，跳起'田之舞'。'年'形示男人起舞，有收成之义。谷物一年一收，因此有了年、年份之义。"

也就是说，"年"的甲骨文字形不仅仅意味着将收获的庄稼"以首戴之归"，而且极有可能还意味着在年终的祭祀仪式上，男人头戴谷物形状的饰品，翩翩起舞，向神灵祈求来年的丰收。甲骨卜辞中屡屡有"受年"的记载，就是在占卜一年的收成多少。

综上所述，"年"之所以作为纪年方式，就是因为年终时为庄稼的收成所举行的最重要的祭祀活动；而过年这一传承数千年的民间习俗，就是这一祭祀活动的形象写照。通过祭祀，感谢神灵和祖先赐予的过去这一年的收成，同时将过去的这一年圆满地过去，再祈求来年仍然像过去的这一年一样丰收。这才是"过年"的本义，跟什么驱除怪兽毫无关系。

来、麦

不管是五谷、六谷还是九谷，"麦"都毫无异议地位列其中，其重要性可见一斑。那么为什么还非要把它单列出来自成一章呢？这是因为"麦"和另外一个字"来"在数千年前就发生了有趣的、永远无法逆转的互换，而且这两个字的造字思维不仅极富趣味性和想象力，同时还反映了远古时期地球上不同文明之间的交流过程。字中有史，汉字之中其实蕴藏着既深厚又丰富的历史信息，这两个字就是最典型、最珍贵的标本。

图12　　　　　图13

来

先说"来"。

"来"的繁体字是"來",甲骨文字形之一(图12),很明显这是一个象形字,像一株小麦的形状,中间是直立的麦秆,上面是左右对生的麦叶,下面是麦根。"来"的甲骨文字形之二(图13),上面的斜撇像成熟后下垂的麦穗。"来"的金文字形(图14),误将下垂的麦穗之形匀整地化为一横,而且表示麦茎的一竖还穿透了这一横,这就为字形的讹变埋下了伏笔。"来"的小篆字形(图15),跟金文字形和今天使用的繁体字形"來"几乎没有任何区别,麦子的形状还保留了一点,但简化后的"来"字麦形尽失。

《说文解字》:"来,周所受瑞麦来麰。一来二缝,象芒束之形。天所来也,故为行来之来。《诗》曰:'诒我来麰。'"

张舜徽先生在《说文解字约注》一书中认为"一来二缝"应为

图14　　　　　　　图15

"一来二锋",即一麦二穗,"乃麦之嘉种,故许云瑞麦也"。不过许慎所说的"象芒束之形"则是错误的,从甲骨文和金文字形看得非常清楚,上面不是麦子的芒刺,而是对生的两片麦叶。那么细微的芒刺怎么可能看得清楚呢!

现在明白了吧?"来"的本义竟然是麦子!

许慎所引的诗句出自《诗经·周颂·思文》,这是一首周人歌颂祖先的诗篇,只有短短八句:"思文后稷,克配彼天。立我烝（zhēng）民,莫匪尔极。贻我来牟,帝命率育。无此疆尔界,陈常于时夏。"

"烝民",民众,百姓。台湾学者马持盈先生的白话译文为:"有文德的后稷,可以与天相配。我们众民所以得能粒食,没有不是由于你的大恩大德而来。你既遗我们以小麦,又给我们以大麦。上天命令你以此普遍地养育下民,不分什么疆界地区。又使你宣传农业之道于中国,以为社会民生之本。"

何谓"来牟"?三国时期的学者张揖在《广雅》中解释说:"大麦,䴷也;小麦,麳也。""䴷"即"牟",大麦;"麳"即"来",小麦。《思文》一诗赞美先祖后稷为周人带来了小麦和大麦,命周人广泛种植,从而为周人的兴起奠定了基础。这也就是许慎所说的"周所受瑞麦来麰",并神化为"天所来也",上天所赐。

其实,麦子并非上天所赐。麦子原产于西亚,大约四五千年前自西向东传入中国的西北地区,周人称"贻我来牟",正是麦子乃外来物种的形象写照,引申之,则正如许慎所说"故为行来之来",你来我往,来来去去,"来"字今天就只有这一个义项了。

不过,张舜徽先生则认为:"西土民食,以黍为主。而来与麦又屡见于殷墟卜辞,则中原之地,原自有麦。周之祖先,盖始得麦种于此,教民播殖。"此言仅指对周人而言麦种乃外来,并没有关联中原地区麦种的来源。因此,张舜徽先生得出结论:"来为小麦之名,而用为行来之来者,盖古人就周土而言,此麦种得自外来,与黍稷之为西土所固有者不同,而行来之义出焉。"

综上所述,"来"的本义是外来的小麦,引申为行来之"来"。

图16　　　　图17　　　　图18

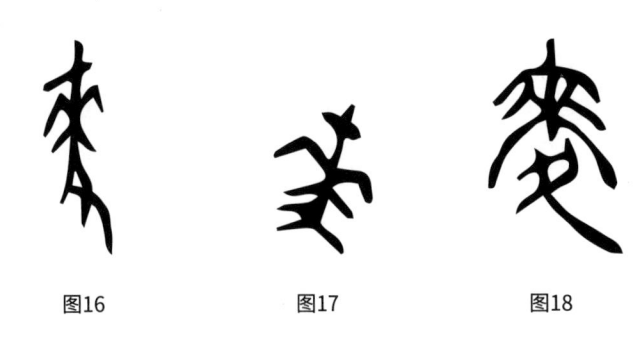

麦

再说"麦"。

"麦"的繁体字是"麥",甲骨文字形(图16)可以看得很清楚:上面是"来",即麦子;下面是"夂",也就是"止"的倒写,像一只脚趾朝下的脚。甲骨文中的脚都是有方向性的,脚趾朝下就表示从外而来,而"麦"的所有甲骨文和金文字形,脚趾都朝下,因此整个字形会意为:麦子是从外地引进来的作物。"麦"的金文字形(图17)、小篆字形(图18)都大同小异,跟今天使用的繁体字形"麥"也没有任何区别。

《说文解字》:"麦,芒谷。秋种厚薶,故谓之麦。麦,金也。金王而生,火王而死。从来,有穗者。从夂。""芒谷"指带有芒刺的谷物。

《淮南子·坠形训》中写道:"麦秋生夏死。"高诱注解说:"麦,金也。金王而生，火王而死也。"意思是秋天属金，金为王，夏天属火，火为王，因此"麦秋生夏死"。这不过是汉人用五行生克理论来附会解释麦的荣枯而已，许慎正是继承了这一穿凿附会的错误学说。

正因为"来"的本义是小麦，而小麦属于外来作物，因此又在"来"的下面添加了一只脚趾朝下的脚，表示小麦从外而来，所以"麦"这个字最重要的字符就是表示到来的"夊"，"麦"的本义就是到来。"来"和"麦"是两个关联性极强的汉字，因此要精确解释它们的本义，也必须相互关联来解释。

左民安先生在《细说汉字》一书中的辨析非常有说服力："凡是脚都有'走'的意思，所以这个'麦'字本来就是'来去'之'来'的本字，而'来'倒是'麦'的本字。可是在卜辞中使用'麦'字较少，而使用'来'字极多，所以这就发生了互换现象，把原来当'小麦'讲的'来'，变成了'来去'之'来'；把本来当'来去'讲的'麦'，变成了'小麦'的'麦'。这一交换再也没有还原过。"

其实更早的时候，清代学者朱骏声就说过："往来之'来'正字是'麦'，菽麦之'麦'正字是'来'，三代以还承用互易。""麦"字字形下面的那只脚，正表示往来之"来"；而"来"字本身就是一棵麦子的象形。这两个字互换之后，沿用两千多年，再也无复各自当初的本义了！

不过，"麦"字下面的那只脚，也有学者有不同的意见。南唐学者徐铉发其端："夊，足也。周受瑞麦来麰，如行来，故从夊。"徐铉虽然没有明确指出周人所受的瑞麦乃外来作物，但"如行来"一语其实已经点明。

清代学者徐灏没有充分理解"如行来"一语的含义，而是简单地认为"盖象人行田收麦也","麦"字下面的那只脚,像农人行走于稻田之中收麦。

白川静先生继承了这一观点,他认为:"'夂'当表示用足拨土覆盖播撒的麦种,然后加以踩踏。""'麦'当义示踩踏麦苗,从而用来指代麦子。"

这样的解释显然小看了造字者的智商及其思维方式。麦种种下之后,不管是用手摁实还是以脚踩踏,都属于种麦的题中应有之义,也是种植常识,为什么非要用一个"夂"画蛇添足地强调?

古人造字,一定是融入了印象最深刻的生活经验,种麦这种常识性的动作,难道还用得着强调摁实或者踩踏的动作吗?既然已经造出了"来",那么"来"一定要深植于土中才能生长的常识,完全没有必要再借助于"麦"下面的那只脚来表示。对古人来说,"来"并非本土作物而是外来作物这件事才是印象最深刻的生活经验,因此才给"来"添加了一只从外而来的脚。这才是"来"和"麦"的关联性的具体体现。

以上就是"来"和"麦"的有趣故事。

周、秦

古代中国以农业立国，土地上出产的农作物的多少决定了一个国家强盛还是衰败，因此，中国现存的最早的文字——甲骨文中有非常多的占卜农作物收成的卜辞。不仅如此，中国历史上统治时间最长的朝代——周，和第一个大一统帝国——秦，它们国名的由来竟然都与农作物的出产息息相关！我们来看看，"周"和"秦"这两个汉字到底是怎么造出来的？

图19　　　　　　图20　　　　　　图21

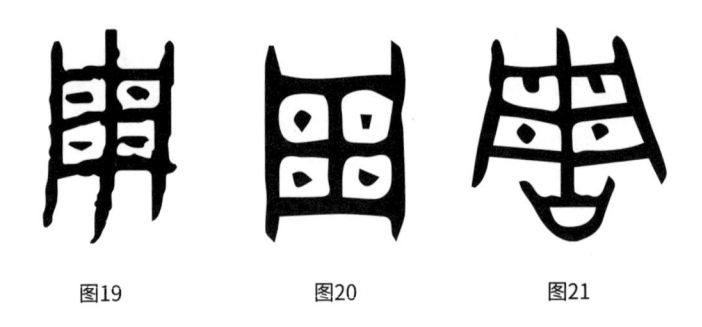

周

先说"周"。

周是孔子最为推崇的朝代，他在《论语》中感叹道："周监于二代，郁郁乎文哉！吾从周。"这句话的意思是：周代的礼仪制度是从夏、商两代借鉴来的，是多么的文采丰盛啊！我遵从周代。《诗经·大雅·文王》如此吟咏周代的使命："周虽旧邦，其命维新。"周虽然是一个古老的邦国，但它的天命到了文王时期才开始更新。那么，这个"旧邦"，这个古老的邦国，为什么用"周"来命名呢？

"周"的甲骨文字形（图19），很显然这是一个象形字，甲骨文大家郭沫若先生认为"象田中有种植之形"，徐中舒先生在《甲骨文字典》中继承了这一观点，他说："象界划分明之农田，其中小点象禾稼之形。"

"周"的金文字形之一（图20），更像整整齐齐的一块田地。

图22　　　　　图23

"周"的金文字形之二（图21），下面添加了"口"这个字符，徐中舒先生认为"示国家政令所从出"。也就是说，这个时期的周部族已经发展壮大，组织严密，政令通达，成为可以抗衡商王朝的一支力量了，因此才在原来的"周"字的基础上添加了一个"口"，"示国家政令所从出"，同时也宣示着其取商而代之的野心。因此他认为"殷商甲文之周，与姬周有别"，区别就在于姬周之周有这个"口"字。

"周"的金文字形之三（图22），省去了表示禾稼的黑点，这个字形为今天的"周"字打下了基础。

"周"的小篆字形（图23），上面的田地之形变形得厉害，许慎在《说文解字》中就是根据这个字形释义："周，密也，从用口。"这个释义是错误的，从以上演变可知，"周"并不从"用"。

不过，也有学者认为这个字形像玉片上雕刻的花纹，谷衍奎《汉字源流字典》则认为"像钟体上雕满乳突形，表示雕刻周密之义"，因此是"雕"的初文。更有甚者，张舜徽先生在《说文解字约注》一书中认为："周之为言舟也。物之最完密者莫如舟，苟有罅隙，则不能行于水也。"

白川静先生的见解则更加有趣,在《常用字解》一书中,他为"周"如此释义:"会意,方形盾牌与'口'组合之形。在盾牌上划写十字,将盾牌表面划分为若干区间,各个区间雕画有图案。"而"口"乃是"置有向神祷告的祷辞的祝咒之器",周人将雕刻有族徽的盾牌放到这个祝咒之器上,诵咏祷辞,祈祷战争的胜利,"因此,公元前1088年,周族打败了殷人后,以'周'为新王朝的国名"。

这些见解都很有趣,却都是错误的,因为"周"最早只不过是一个地名,作为地名的"周"字跟田地庄稼之形密切相关。

徐中舒先生写道:"姬周之先世居于晋南之邠(bīn),后古公亶(dǎn)父迁于岐山下之周原,乃称为周。"这段话描述了周部族的迁徙历史。周部族最先居住在今山西南部的邠地,因为受到狄人的侵袭,后来被追谥为周太王的古公亶父遂率领部族迁徙到岐山之下的周原。

《诗经·大雅》中周人歌颂祖先古公亶父的诗篇《绵》中吟咏道:"古公亶父,来朝走马。率西水浒,至于岐下。爰及姜女,聿来胥宇。"台湾学者马持盈先生的白话译文为:"古公亶父为避狄人之侵,早早地走马而离开邠地,沿着西水之岸,到了岐山之下,与姜姓之女,共居于此。"

古公亶父到达之地早有其名,地名就叫周原,于是这支姬姓的部族就自称周人,意思是居住于周原之地的人,后来国号定为"周"也是由此而来。

周原这个地方之所以名"周",正是因为这里土壤肥沃,灌溉便利。《绵》一诗接着吟咏道:"周原膴(wǔ)膴,堇荼(jǐn tú)如饴。爰始爰谋,爰契我龟,曰止曰时,筑室于兹。"膴膴,肥沃之貌;堇,野菜之名;荼,苦菜之名;饴,饴糖,用麦芽制成的糖。

这几句诗，马持盈先生的白话译文为："周民生活的平原地区，土壤非常的肥沃，虽是苦菜，吃起来也好像是糖浆一样地甜。于是开始计划，借龟纹占卜吉凶。占卜的结果，认为可以定居。于是就在这个地方建造起住宅来了。"

"周原膴膴"就是对这块肥沃土地的形象描述！而周部族的始祖恰恰就是擅长农耕的后稷，担任帝尧的农师。远道迁徙而来的周部族为什么偏偏会在周原扎下根？可想而知，对于擅长农耕的周部族来说，适合耕作的周原简直就是上天所赐的一块土地。因此，周原之所以名"周"，正是由田地庄稼之形而来。

至于"周，密也"，不过是引申义，本义是形容周原这块地方适合农耕。既然适合农耕，当然田地、人口稠密，因此而引申为稠密、周密。至于周姓这支大姓，当然也就应该到周原这个周王朝的发祥之地去寻根问祖了。

综上所述，周代之所以以"周"为国号，正是来源于形容周原土壤肥沃之"周"。

图24　　　　　　图25

秦

再说"秦"。

中国第一个大一统的帝国秦朝为何以"秦"为名？这还要追溯到周孝王时期。据《史记·秦本纪》所载，非子为周王室养马，马群大增，于是周孝王"邑之秦，使复续嬴氏祀，号曰秦嬴"。据此秦则是早已存在的地名，周孝王只是将秦这块地方分封给了非子而已。秦人在秦地慢慢发展壮大，到了秦襄公时期，因护送周平王有功，遂得以跻身诸侯之列而立国，国号即为"秦"。

我们来看看"秦"这个字的字形演变。"秦"的甲骨文字形之一（图24），这是一个非常复杂的会意字，共由三个部分组成：上面是两只"手"，中间是一根舂捣粮食的"杵"，下面是两株"禾"，"禾"垂着头，表示已经成熟。"秦"的甲骨文字形之二（图25），大同小异，只是"杵"的形状有所变化。

图26 　　　　　图27 　　　　　图28

"秦"的金文字形之一（图26），中间的"杵"形填实，上下"手"和"禾"的样子更加栩栩如生。"秦"的金文字形之二（图27），来源于秦国墓地出土的秦公鼎、秦公簋（guǐ）上的铭文，据学者研究，应为春秋初期的字体。有些学者认为"秦"的各种字形中，双"手"所持的并不是"杵"，这个字形有力地驳斥了这种论调。可以很清楚地看到，双"手"和"禾"之间，是一个"臼"，杵臼是一套搭配的农具，持杵在臼中春捣粮食。所有的甲骨文字形和绝大多数金文字形都将这个"臼"给省去了，只有现藏北京故宫博物院的西周师酉簋和现藏上海博物馆的这几件秦公器上的铭文保留了杵臼之"臼"。

"秦"的小篆字形（图28），下面的"禾"从两株简化为一株，其他组成部分相同，但是也省去了"臼"。今天使用的"秦"字，除了下面的"禾"一仍其旧之外，上部则完全看不出双手持杵的样子了。

《说文解字》："秦，伯益之后所封国。地宜禾。从禾，春省。一曰秦，禾名。"伯益是秦人的始祖，"伯益之后所封国"，说的正是非子邑之秦这件事。

近代学者林义光在《文源》一书中质疑道："地名从禾从春，理不可通……秦，获禾也，获禾可以入舂，故从二禾。"张舜徽先生在《说文解字约注》一书中认同这一观点，但他认为"秦"的本义不是"获禾"，收割谷物，而是"扑取禾实也"："禾稻既刈之后，则手持之反覆拂击，俗称打禾，或曰打稻，亦有铺禾于地用椎杵击之者……盖秦为打禾，舂为捣粟，秦在前，舂在后，非一事也。"

张舜徽先生所说的打禾、打稻，也就是脱离谷粒的过程，谷粒脱离之后，才能够做进一步的舂捣加工，因此"秦"的本义是指收获谷物之后第一步的脱离谷粒的程序，而"舂"则是脱离谷粒之后的舂捣程序。

但上述师酉簋和秦公器上保留"臼"的铭文"秦"，显示的是正在臼中舂捣的工作程序。这里"秦"的本义是持杵舂禾，可想而知秦地粮食产量之丰富，即许慎所言"地宜禾"。事实也是如此，所谓"八百里秦川"，秦地历来是农业发达的地区，著名的纵横家张仪曾经形容秦国"积粟如丘山"，以至于"秦富十倍天下"。据《秦律·仓律》记载，秦国国内"万石一积"的禾仓极多，今西安附近的栎阳仓则"二万石一积"，国都咸阳仓更是达到了惊人的"十万石一积"！想想"秦"字为何造成双手持杵舂禾的模样，可以想见因为粮食出产极富，人们不停地劳作，以至于以这种繁忙的景象造字，并拿来命名这块富庶之地。当然，这种得天独厚的条件也奠定了秦朝的统一大业。

《乐府诗集》中收录有晋人傅玄的一首诗，其中吟咏道："昔为形与影，今为胡与秦。"秦始皇统一中国之后，无疑对周边国家产生了巨大的震撼，因此西域诸国就称中国为"秦"，一直沿用到汉代。《汉书·西域传》载："匈奴缚马前后足，置城下，驰言：'秦人，我丐若马。'"丐，给予。匈奴仍然用"秦人"称呼汉代中国。晋人傅玄更是将"胡与秦"对举。古代印度称中国为"支那",就是"秦"的音译,佛教典籍中屡见不鲜,并没有轻蔑之意。

秦地为天下之粮仓,当然得益于灌溉便利,国都咸阳有泾河、渭河、沣河等大大小小八条河流,因此东汉学者刘熙在《释名·释州国》中给"秦"下了这样一个名义:"秦,津也,其地沃衍,有津润也。"虽然是以音释义,但是也准确地道出了秦地之所以产粮丰富的根本原因。

这就是以"秦"命名这块"宜禾"土地的由来。秦人以"秦"为国号,正如同周人以"周"为国号的道理一样,反映的都是农业立国的历史事实。

肉食

《左传·庄公十年》载曹刿（guì）之语："肉食者鄙，未能远谋。"这句话对应的是乡人的劝说："肉食者谋之，又何间焉？"食肉是高官厚爵者的特权，因此曹刿和乡人才有此语。

食肉之法，尚秉和先生在《历代社会风俗事物考》一书中写道："古人食肉，淡煮者多，胾蒸是也，故食时酱最重要……今只有虾酱是其遗法，余则不数见矣。"所谓"胾蒸"，是指把肉切成块放在容器内蒸熟，因此必须以酱佐味。

本章讲解古代贵族阶层的食肉种类以及各种烹调方法。

图29　　　　　　　图30

六畜

《孟子·梁惠王上》中有一段著名的话："君子之于禽兽也，见其生，不忍见其死；闻其声，不忍食其肉。是以君子远庖厨也。"这段话出自孟子之口，意思是：君子对待禽兽，看见它们活着，就不忍心它们死去；听到它们的哀叫，便不忍心吃它们的肉。因此君子远离厨房。

禽兽是一切鸟类和兽类的统称，除此之外，古人所言的禽兽还是确指，即六禽、六兽。六禽指六种供膳的禽类，分别是雁、鹑、鷃（yàn）、雉、鸠、鸽；六兽指六种供膳的兽类，分别是麋、鹿、熊、麇（jūn）、野豕、兔。

六禽、六兽都是未经驯化的野生动物，而远古时期中国人最早驯化的动物称作"六畜"，分别是马、牛、羊、鸡、犬、豕（猪）。今天人们的日常用语中还有"五谷丰登，六畜兴旺"的说法，将"五谷"和"六畜"并举，可见其源远流长。

图31 　　　　　图32 　　　　　图33

驯化六畜的过程，完整地包含在"鸡"这个字的造字过程之中；换句话说，"鸡"这个字之所以造成这个样子，恰是驯化过程的全息展示。

"鸡"的繁体字形是"鷄"，甲骨文字形之一（图29），很明显这是一个象形字，画得多么惟妙惟肖的一只鸡，还在仰头啼鸣呢！白川静先生在《常用字解》一书中认为这个长冠长尾的造型与"凤"相近，"看来，鸡似曾被视为神圣之鸟。古时，用文字表示神话传说中的神圣之鸟时，其字为全身的象形描绘"。

"鸡"的甲骨文字形之二（图30），变成了一个会意字，左边是一只手抓着一根粗粗的绳索，右边是一只鸡，会意为捉到鸡后拿绳子捆起来带回家，这只鸡的翅膀还扑棱着，竭力挣扎的样子惹人垂怜。

"鸡"的甲骨文字形之三（图31），右边还是一只手抓着一根粗粗的绳索，左边的鸡瞪眼、张口、扑翅，显然不希望被人捉回家去。

"鸡"的甲骨文字形之四（图32），这个字形更形象同时也更美丽，右边的鸡鸡冠朝天，似在挣扎啼鸣，长尾扑棱，观赏性极强。

"鸡"的小篆字形（图33），字形规整化，右边的鸡形变成了

"隹（zhuī）"。"隹"和"鸟"同源，许慎认为是短尾鸟的统称，其实也有长尾鸟称"隹"的。因此"雞"还有异体字"鷄"，正说明未被驯化之前，鸡不过是一种野鸟。

《说文解字》："鸡，知时畜也。从隹，奚声。"鸡是报时的家禽。"鸡"本为象形字和会意字，许慎却根据小篆字形把它当成了形声字。古时的祭器有鸡彝，是刻画有鸡形图饰的酒尊；还有鸟彝，是刻画有凤凰图饰的酒尊。可见鸡的地位等同于凤凰，都是用作祭祀的神鸟。此外还有金鸡、玉鸡、天鸡等美称，都呼应着白川静先生关于鸡是"神圣之鸟"的观点。

"鸡"的字形演变，非常形象地反映了古人抓到野鸡加以驯化的过程。进行简化之后，左边的"又"则完全看不出手持绳索驯化野鸡的模样了。

祭牲

古人认为:"国之大事,在祀与戎。"祭祀和战争是最重要的国家大事。祭祀所用的动物称作"牺牲",这是"牺牲"一词的本义。六畜之首的马,因为肩负远行和战争的重任,所以不作为牺牲。如此一来,用作牺牲的六畜只剩下了五种动物,称作"五牲"。当然,除了"五牲"之外,其他的动物或者动物制品也都可以用作祭祀,但不能称为"牺牲"。

五牲之中,牛、羊、豕又合称"三牲"。祭祀的时候,三牲齐全称为"太牢",专供天子之祭;只用羊、豕称为"少牢",乃是诸侯之祭。这就是《礼记·王制》中的规定:"天子社稷皆太牢,诸侯社稷皆少牢。""牢"的本义是把牛、羊、豕关起来饲养的栏圈,故有此称。

祭祀所用的祭牲尊贵无比,不能称它们的本名,比如"牛""羊""豕",则有专门的称谓。《礼记·曲礼下》中详细记载了这些祭牲的美名:"凡祭宗庙之礼,牛曰一元大武,豕曰刚鬣(liè),豚曰腯(tú)肥,羊曰柔毛,鸡曰翰音,犬曰羹献,雉曰疏趾,兔曰明视,脯(fǔ)曰尹祭,槁鱼曰商祭,鲜鱼曰脡(tǐng)祭。"

祭祀所用的牛称"一元大武"，郑玄注解说："元，头也。武，迹也。"孔颖达进一步解释说："牛若肥则脚大，脚大则迹痕大，故云一元大武也。"

祭祀所用的猪称"刚鬣"，"鬣"指猪脖子上又长又密的毛。孔颖达解释说："豕肥则毛鬣刚大也。"

祭祀所用的小猪称"腯肥"，"豚"即是小猪，"腯"专门形容猪肥。

祭祀所用的羊称"柔毛"，孔颖达解释说："若羊肥则毛细而柔弱。"

祭祀所用的鸡称"翰音"，"翰"指长而硬的鸟羽。孔颖达解释说："翰，长也，鸡肥则其鸣声长也。"其实应该解释为鸡肥则其羽毛长而硬。

祭祀所用的狗称"羹献"，孔颖达解释说："人将所食羹余以与犬，犬得食之肥，肥可以献祭于鬼神，故曰羹献也。"这是说祭祀用犬吃的是人吃剩下的饭。

"雉"是野鸡，羽毛艳丽，因此也用于祭祀，称"疏趾"。孔颖达解释说："趾，足也，雉肥则两足开张，趾相去疏也。"

祭祀所用的兔子称"明视"，孔颖达解释说："兔肥则目开而视明也。"

"脯"是干肉，祭祀所用的干肉称"尹祭"，孔颖达解释说："尹，正也。裁截方正而用之祭。"还有一说是指祭祀所用的干肉不是从外面买的，而是自制的，只有自己制的才知道用的是好肉。

"槁鱼"即干鱼，祭祀所用的干鱼称"商祭"，孔颖达解释说："商，量也。祭用干鱼，量度燥湿得中而用之也。"量度一下干湿程度再用。

祭祀所用的鲜鱼称"脡祭"，孔颖达解释说："脡，直也。祭有鲜鱼，必须鲜者，煮熟则脡直，若馁则败碎不直。""馁"，指鱼腐烂。

祭肉

祭祀完毕之后，祭祀所用的肉可不能扔掉，而是要赐给大臣们享用。祭祀社稷（土地神和谷神）所用的生肉称作"脤（shèn）"，因为盛在以蜃贝为饰的蜃器中，故称"脤"；祭祀宗庙（天子和诸侯祭祀祖先的庙宇）所用的熟肉称作"膰（fán）"，"膰"本来写作"燔"，即烧烤之意。

在为《周礼》所作的注中，郑玄解释说："脤膰，社稷宗庙之肉，以赐同姓之国，同福禄也。"可见祭肉是要吃掉的。

《史记·孔子世家》中讲过一个有趣的故事：孔子五十六岁的时候，代行鲁国国相一职。相邻的齐国听到这一消息后非常恐惧，担心鲁国在孔子的治理下国势强盛，最终会吞并本国，"于是选齐国中女子好者八十人，皆衣文衣而舞康乐，文马三十驷，遗鲁君"。送给鲁定公八十位美女和一百二十匹有文采的骏马（一驷为四匹马），八十位美女人人都穿着有纹饰的漂亮衣服，跳着名为《康乐》的舞曲，取悦鲁定公。

"陈女乐文马于鲁城南高门外，季桓子微服往观再三，将受，乃语鲁君为周道游，往观终日，怠于政事。子路曰：'夫子可以行矣。'"当齐国赠送的女乐和文马安置于鲁国城南的高门之外时，执政的大夫季桓子一而再、再而三地微服前往观看；鲁国准备接受这些馈赠之后，季桓子又以请鲁定公巡视周边道路的名义终日流连于此，以至于国家政事都懒得处理了。看到这种情况，孔子的学生子路对老师说："夫子您可以离开鲁国了。"

"孔子曰：'鲁今且郊，如致膰乎大夫，则吾犹可以止。'""郊"指在郊外祭祀天地的祭礼，南郊祭天，北郊祭地。郊祭之后，按照礼仪，要把祭肉分赐给大夫。孔子的意思是说，鲁国举行完郊祭，如果还把祭祀所用的熟肉分赐给大夫，就说明国礼未废，自己还可以留在鲁国有所作为。

最终的结果却让孔子大失所望："桓子卒受齐女乐，三日不听政；郊，又不致膰俎于大夫。孔子遂行。"季桓子接受齐国女乐的馈赠之后，三天不听政事；郊祭完毕之后，又不把祭肉分赐给大夫。孔子终于彻底死了心，因此离开了鲁国。

孔子一行晚上住宿在鲁国南部的屯这个地方，有一位名叫师己的乐师前来送行，对孔子说："这不是您的过错。"孔子长叹一声，唱了这样一首歌："彼妇之口，可以出走；彼妇之谒，可以死败。盖优哉游哉，维以卒岁。"那些妇人之口，可以将君子赶走；出自那些妇人之口的请求，可以使人败事身死。我还是优哉游哉，终此一生吧！

可见，不管是祭祀所用的生肉（脤）还是熟肉（膰），祭祀完成之后都要分赐给大臣们吃掉；而且甚至已经上升到了国之礼仪的高度，不分赐的后果很严重，严重到孔子竟然置自己国家的政事于不顾，去国远行。

《论语·乡党》中还记载过分吃祭肉的时限规定:"祭于公,不宿肉。"这讲的是参加国君祭祀时的情形。祭祀所用的牺牲一定要在祭祀的当天清晨宰杀,以保证敬献给神灵和祖先的肉是新鲜的。不过,天子和诸侯的祭祀要进行两天,第一天称"正祭",第二天称"绎祭","绎"是连续的意思,指接续第一天的祭祀。也就是说,"绎祭"完毕之后才能将祭肉分赐大臣,那么,祭肉已经放了两天,因此"不宿肉",不能再让祭肉过夜,要立刻吃掉。

"祭肉不出三日。出三日,不食之矣",这讲的是家祭的情形,即在家中对祖先的祭祀。家祭完毕之后,祭肉一定要在三天内分赐吃掉,过了三天祭肉就会变质腐败。

天子之膳

《左传·庄公十年》中有一段著名的记事:"十年春,齐师伐我。公将战,曹刿请见。其乡人曰:'肉食者谋之,又何间焉。'刿曰:'肉食者鄙,未能远谋。'"

鲁庄公十年春,齐桓公派兵攻打鲁国。齐强鲁弱,因此一直隐居的曹刿请求鲁庄公接见,要向国君献破敌之计。乡人对曹刿说:"这是肉食者所谋之事,你参与其中干什么呀!"曹刿回答说:"肉食者往往鄙陋,目光短浅,不能深谋远虑。"西晋学者杜预注解说:"肉食,在位者。"也就是说,身居官位、享有俸禄的人才能吃肉。孔颖达则注解说:"盖位为大夫,乃得食肉也。"大夫及其以上的阶层才能食肉。

《孟子·梁惠王上》中记载了一段孟子对梁惠王说的话:"五亩之宅,树之以桑,五十者可以衣帛矣。鸡豚狗彘(zhì)之畜,无失其时,七十者可以食肉矣。""豚"是小猪,"彘"是大猪。这段话的意思是:五亩的宅院,种上桑树,五十岁的人就可以穿丝织品的衣服了。饲养鸡、猪、狗,不耽误它们的繁殖期,七十岁的人就可以吃肉了。普通百姓到了七十岁才有资格吃肉,可见肉食乃是有权位者的特权。

据《周礼》记载，周代有"庖人"一职，"庖人掌共六畜、六兽、六禽，辨其名物"，职责是掌管六畜、六兽、六禽，辨别它们的名称和毛色，然后供给周天子、皇后和太子的膳食。

庖人将禽兽进献给周天子食用称作"禽献"，食用方法精细到今天不可想象的程度："凡用禽献，春行羔豚，膳膏香；夏行腒鱐（jū sù），膳膏臊；秋行犊麛（mí），膳膏腥；冬行鲜羽，膳膏膻。"

羔，小羊；豚，小猪；膳，烹调、煎和；膏香，牛脂，也叫牛膏。春天的时候吃小羊和小猪，用牛膏来烹调、煎和。据唐代学者贾公彦解释，春天草木、万物开始生长，羊羔和小猪正肥，但羔豚之时气太盛，而牛属中央土，因此用死去的牛的脂膏杀其气。

腒，干腌的鸟肉；鱐，干鱼；膏臊，犬膏，也就是狗的脂膏。夏天的时候吃干鸟肉和干鱼，用犬膏来烹调、煎和。这是因为夏天热而干燥，因此顺应时气食用这两样东西，但干鸟肉和干鱼时气太盛，而犬属西方金，因此用死去的犬的脂膏杀其气。

犊，小牛；麛，幼鹿；膏腥，鸡膏，也就是鸡的脂膏。秋天的时候吃小牛和幼鹿，用鸡膏来烹调、煎和。这是因为秋天草木都结了果实，小牛和幼鹿食之而肥，因此吃这两样东西，但为防止时气太盛，而鸡属东方木，秋天草木即将枯萎，因此用死去的鸡的脂膏杀其气。

鲜，活鱼；羽，雁类；膏膻，羊膏，也就是羊的脂膏。冬天的时候吃活鱼和雁类，用羊膏来烹调、煎和。这是因为准备过冬的时候，鱼性沉潜、安定，冬天即将过完的时候，雁类又从南方新来，因此吃这两样东西，但为防止时气太盛，而羊属南方火，冬天火灭，因此用死去的羊的脂膏杀其气。

周天子的膳食真是精致啊！

八珍

在中国的饮食文化中，历代都有"八珍"之说，乃是指八种珍贵的食材。不过，八珍的内容不仅历代都不相同，而且众说纷纭，没有定论。最典型的莫过于元代的八珍和明代的八珍。

元末学者陶宗仪在《南村辍耕录》中记载道："所谓八珍，则醍醐（tí hú）、麆沆（zhù hàng）、野驼蹄、鹿唇、驼乳麋、天鹅炙、紫玉浆、玄玉浆也。""醍醐"是由牛乳精炼而成的酥油，"麆沆"指马奶酒，"驼乳麋"指骆驼奶制成的粥，"天鹅炙"当然就是烤天鹅，"紫玉浆"是产自西域的葡萄酒，"玄玉浆"即马奶酒。

明人张九韶所编的《群书拾唾》中记载了明代的八珍，同时这也是民间流传最广的八珍之说：龙肝、凤髓、豹胎、鲤尾、鸮（xiāo）炙、猩唇、熊掌、酥酪蝉。鸮是猫头鹰一类的鸟。

不过，最初的"八珍"之说出自《周礼》，乃是周天子享用的美味，但究其实，"八珍"倒更像八种烹饪食品的方法。

《礼记·内则》中详细地记载了"八珍"的名称以及烹饪方法。

"淳熬：煎醢（hǎi）加于陆稻上，沃之以膏，曰淳熬。"

这是第一珍。"醢"是肉酱;"陆稻"即旱稻,种植在旱地里的稻,抗旱能力强于水稻;"膏"指动物油或植物油。将肉酱用油煎熬,然后盖在煮熟的稻米饭的上面,再用油浇淋,很像今天的盖浇饭。"淳"和"沃"同义,都是指用油脂浇淋的动作,这样做出来的饭,可想而知味道极为醇厚,因此这两个字也都可以当作饭味醇厚的意思;"煎"和"熬"也同义,都是烹饪的方法。因此将这种烹饪方法提炼、命名为"淳熬"。

"淳毋:煎醢加于黍食上,沃之以膏,曰淳毋。"

这是第二珍。将肉酱用油煎熬,然后盖在煮熟的黍米饭上面,再用油浇淋,很像另一种盖浇饭。按照郑玄的注解,"毋"应该读作"模",也就是"象"的意思。淳毋的烹饪方法很像淳熬,区别在于一是稻米饭,一是黍米饭,故称"淳毋"。

"炮(páo):取豚若将,刲(kuī)之刳(kū)之,实枣于其腹中,编萑(huán)以苴(jū)之,涂之以谨涂。炮之,涂皆干,擘(bò)之,濯(zhuó)手以摩之,去其皽(zhāo)。为稻粉,糔(xiǔ)溲之以为酏(yǐ),以付豚,煎诸膏,膏必灭之。钜镬(huò)汤,以小鼎芗脯(fǔ)于其中,使其汤毋灭鼎,三日三夜毋绝火,而后调之以醯(xī)醢"。

这是第三珍。这种烹饪方法最为繁复,真不知道我们的老祖宗是怎么想出来的!

"炮",一说指肉不去毛而加以烧烤,一说指将肉用泥裹起来加以烧烤。"将"应为"牂(zāng)",指母羊。"取豚若将"的意思是:用小猪或者用母羊来烧烤。

"刲"是屠宰;"刳"是剖开。这是指将小猪或母羊屠宰并剖腹。

"萑"指芦苇一类的植物;"苴"是包裹;"谨"应为"墐(jìn)",用泥涂塞。这两句话的意思是:将枣子填在小猪或母羊的腹中,然后用芦苇密密地裹起来,再用泥涂在外面。

"擘"是击打;"濯"是洗涤;"皽"指皮肤上的薄膜。这两句话的意思是:将用泥裹起来的小猪或母羊烧烤,等外面涂的泥烤干之后,用手击打使干泥脱落,再用洗干净的手不停地加以摩擦,去掉小猪或母羊身上的薄膜和油脂。

"糔"是汁;"溲"是用水调和;"酏"指稀粥。这几句话的意思是:继承上一道工序之后,再将稻米粉用水调和成糊,糊在小猪或母羊的躯体四周,然后下油锅煎,锅里的油一定要淹没小猪或母羊的躯体。

"钜镬"指大锅;"芗脯"指将小猪或母羊在小鼎中煮,煮成肉脯的模样,散发出香气。这两句话的意思是:小猪或母羊煎好之后,放在小鼎之中继续煮,再将小鼎放进盛有汤的大锅之中,大锅里的汤一定不能淹没过小鼎,否则汤水就会进入小鼎,败坏肉的味道。

"醯"是醋,"醯醢"即指用盐、醋等作料调制而成的肉酱。这句话的意思是:大锅下面的火三天三夜不能熄灭,煮满三天三夜,然后才能取出小鼎里面的小猪或母羊,吃的时候用肉酱调和。

针对这一烹饪方法,近代学者尚秉和先生在《历代社会风俗事物考》一书中感叹道:"可谓费矣!然不知发明若干年,而后能制法繁复若此也。"

"捣珍:取牛、羊、麋、鹿、麕(jūn)之肉,必脄(méi),每物与牛若一,捶反侧之,去其饵,孰出之,去其皽,柔其肉。"

这是第四珍。"麋"是冬至时脱角的鹿;"麕"就是獐子;"脄"指脊背两侧的肉,就是今天说的里脊肉;"饵"指筋腱。选取牛、羊、麋、鹿、獐子等的里脊肉，后四者用肉的多少等同于牛的用肉，翻来覆去地捶打，为的是去掉它们的筋腱，煮熟之后拿出来，再去掉它们身上的薄膜和油脂，吃的时候用肉酱调和。因为是捶捣而制成的珍味，故称"捣珍"。

针对这一烹饪方法，尚秉和先生评价道："此制法甚奇，不用刀切，椎捣使烂，和五种肉为一，且筋膜尽去，均匀和合，调而食之，其有异味可知也。"他所说的"异味"可不是指不正常的怪味道，而是指不寻常的鲜美之味。

"渍：取牛肉，必新杀者，薄切之，必绝其理，湛（jiān）诸美酒，期朝而食之以醢，若醯、醷（yì）。"

这是第五珍，称作"渍"，指短时间浸泡；"湛"也是浸泡的意思；"醷"指梅浆，梅子的浆汁。选取新屠宰的牛肉，薄薄地横切，一定要切断肉的纹理，这样切出来的生肉才容易嚼。然后浸泡在美酒之中，到第二天早上再吃，吃的时候用肉酱和梅浆调和，这样就没有膻味了。

"为熬：捶之，去其皽，编萑，布牛肉焉，屑桂与姜，以洒诸上而盐之，干而食之。施羊亦如之。施麋、施鹿、施麇皆如牛羊。欲濡肉，则释而煎之以醢；欲干肉，则捶而食之。"

这是第六珍，称作"熬"，意为熬肉之法。也不用刀切，捶捣使肉烂，去掉肉身上的薄膜和油脂，然后晾在编织好的芦苇之上，把桂和姜切成屑末，和盐一起撒在上面，等它晾干之后食用。牛肉、羊肉、麋肉、鹿肉、麇肉都采用这种方法。"濡"是湿的意思，不想吃干肉而想吃湿润的肉，就用盐水润释，再用油煎好，调和肉酱来吃；想吃干肉的话，捶捣使肉烂而食之。

针对这一烹饪方法，尚秉和先生评价道："此种食法，有类于今日之腌肉，可久存。不过古人捣肉使烂，今则块腌，古较今尤精耳。"不得不承认，古人制作腌肉的方法确实比今天要精细得多。

"糁（sǎn）：取牛、羊、豕之肉，三如一，小切之，与稻米。稻米二，肉一，合以为饵，煎之。"

这是第七珍，称作"糁"。"糁"的本义是用稻米和别的调味品制成的羹汤，这里讲的其实就是煎肉饼的方法。牛肉、羊肉、猪肉合在一起，切成小粒，跟稻米一起煎成肉饼，比例是二分稻米一分肉。之所以用稻米，是要把稻米煮得极烂，然后才能和肉为饼，今天则是用面粉和肉煎饼。

"肝膋：取狗肝一，幪（méng）之以其膋（liáo），濡炙之，举燋，其膋不蓼（liǎo）。"

这是第八珍。"膋"指动物肠子上网状的脂肪，又称网油，做菜时当作配料使用；"幪"是覆盖；"燋"通"焦"；"蓼"是一年生草本植物，叶子的味道辛辣，可用来调味。选取一块狗肝，用它的网油包起来，再涂上脂油炙烤，烤至表面焦熟之后食用，不能使用辛辣的蓼来调味。

此八珍既可视为烹饪方法，又可视为八种美味的食品，其精细程度简直令人咋舌！

食忌

任何一个民族都有对于食物的禁忌，中国的先民们也不例外。

《礼记·内则》中记载了食用动物的若干禁忌："不食雏鳖。狼去肠，狗去肾，狸去正脊，兔去尻，狐去首，豚去脑，鱼去乙，鳖去丑。"

雏鳖就是幼小的鳖。古人不吃雏鳖，当然是因为它幼小。《国语·鲁语》中讲了一个有趣的故事："公父文伯饮南宫敬叔酒，以露睹父为客。羞鳖焉，小。睹父怒，相延食鳖，辞曰：'将使鳖长而后食之。'遂出。文伯之母闻之，怒曰：'吾闻之先子曰："祭养尸，飨养上宾。"鳖于何有？而使夫人怒也！'遂逐之。五日，鲁大夫辞而复之。"

鲁国的大夫公父文伯请鲁国贵族南宫敬叔饮酒，请另一位鲁国大夫露睹父为客，即这次酒宴中最尊贵的上宾。"羞"是进献的意思，给露睹父端上来的鳖个头儿很小，露睹父大怒，众人相请食鳖的时候，露睹父悻悻地说："等鳖长大以后我再来吃吧。"从这句话可知，这只鳖毫无疑问是一只雏鳖，违反了"不食雏鳖"的禁忌。

说完这句话，露睹父就退席了。文伯的母亲听说这件事后，生气地教训儿子说："吾闻之先子曰：'祭养尸，飨养上宾。'""先子"指过世的公公;"尸"指祭祀时代表死者受祭的人。这句话的意思是:祭祀的时候要尊重代表死者受祭的人,宴会上要尊重最尊贵的上宾。"鳖于何有?而使夫人怒也",你为上宾露睹父进献鳖的时候使用的是什么礼节,让他如此愤怒呢!

这次食鳖事件导致的后果非常严重,文伯的母亲竟然把儿子赶出了家门,五天之后,别的大夫为文伯求情,母亲才让儿子回了家。

著名学者钟叔河曾经评价过这一事件:"客嫌酒菜是恶客,历来对露睹父的看法都不好。'等甲鱼长大再来吃',悻悻然的态度也太现形,殊少大夫的风度。但转念一想,吊起人的胃口来,又不让他满足,也是很缺德的。"

这一评价不准确,露睹父退席并非因为鳖小,"吊起人的胃口来,又不让他满足",而是因为违反了"不食雏鳖"的禁忌。

食鳖还有一个禁忌,就是"鳖去丑"。"丑"指鳖窍,也就是鳖的肛门,这是不能食用的。

"狼去肠":狼的肠子不能食用。

"狗去肾":狗的肾不能食用。

"狸去正脊":狸猫前脊的肉不能食用。

"兔去尻":"尻"指屁股,兔子屁股上的肉不能食用。

"狐去首":狐狸的头不能食用。

"豚去脑":小猪的脑子不能食用。

《左传·僖公二十八年》记载了一个故事:"晋侯梦与楚子搏,楚子伏己而盬(gǔ)其脑,是以惧。子犯曰:'吉。我得天,楚伏其罪,吾且柔之矣。'"

"盬",用嘴吸。晋侯梦见跟楚王搏斗,楚王伏在自己身上咀嚼自己的脑子,醒来后非常恐惧。晋国大臣子犯为晋侯解梦,说道:"这是吉利之兆。国君您仰面向天,意味着得到了上天的眷顾;而楚王伏身向下,意味着服罪。"

子犯所说的"吾且柔之矣",杜预注解说:"脑所以柔物。"脑子可以使物体变得柔软。古人认为脑属阴,食之阴柔。宋元间学者俞琰在《席上腐谈》一书中写道:"今人熟皮必用猪脑,欲其柔也。(杜预注)昔有人食猪脑一具,期年手足软弱,不能下榻,遂成瘫痪,乃知《内则》与《左传》之说皆不诬矣。"由此可知元代有用猪脑熟皮子的工艺。

"鱼去乙":郑玄注解说:"鱼体中害人者名也。今东海鰫鱼有骨名乙,在目旁,状如篆乙,食之鲠人,不可出。"按照这种解释,"乙"就是鱼鳃旁边的骨头,因为长得像篆文的"乙"字,故称"乙"。这里的骨头不能食用。

以上这些不能食用的部分,据郑玄说是因为"皆为不利人也"。

《礼记·内则》接着写道:"牛夜鸣则庮(yóu);羊泠毛而毳(cuì),羶;狗赤股而躁,臊;鸟麃(piǎo)色而沙鸣,郁;豕望视而交睫,腥;马黑脊而般臂,漏。雏尾不盈握,弗食。舒雁翠,鹄(hú)、鸮胖,舒凫翠,鸡肝,雁肾,鸨(bǎo)奥,鹿胃。"

"牛夜鸣则庮":"庮"本指腐烂木头的臭味。牛如果在夜里鸣叫,它的肉就恶臭。

"羊泠毛而毳,羶":"泠毛"指长毛纠结在一起;"毳"指细毛零落。羊如果细毛零落,长毛纠结,它的肉就羶。

"狗赤股而躁,臊":"赤股"指后腿内侧无毛。狗如果后腿内侧无毛,又奔跑急躁的话,它的肉就臊。

"鸟麃色而沙鸣,郁":"麃"指鸟的毛色暗淡没有光泽;"沙鸣"

形容鸣声嘶哑;"郁"形容腐臭之味。鸟儿如果毛色暗淡,鸣声又嘶哑,它的肉就腐臭。

"豕望视而交睫,腥":"望视"指远视;"交睫"指上下睫毛相交;"腥"不是指腥味,而是指猪肉中有像米粒一样的星星点点的息肉。猪如果作远视之貌,上下睫毛相交,这就是我们今天说的米星猪,猪肉中寄生着绦虫。

"马黑脊而般臂,漏":"黑脊"指马脊发黑;"般臂"指前胫有杂斑;"漏"通"蝼",即蝼蛄,蝼蛄有臭味。马如果背脊发黑,前小腿有杂斑,它的肉就会散发出像蝼蛄一样的臭味,也就是溃疡之肉。

"雏尾不盈握,弗食":幼鸟的尾巴还没有长到用一只手可以握持的,不能食用。

"舒雁翠":古时把鹅称作"舒雁","翠"指翠尾肉,即尾巴上的肉。鹅尾巴上的肉不能食用。

"鹄、鸮胖":"鹄"是天鹅;"鸮"是猫头鹰一类的鸟,"胖"指两胁之侧的薄肉。天鹅和猫头鹰两胁之侧的薄肉不能食用。

"舒凫翠":古时把鸭子称作"舒凫",也叫"鹜(wù)","趋之若鹜"这个成语就是讽刺成群的人像鸭子一样跑过去。鸭子尾巴上的肉不能食用。

"鸡肝":鸡的肝不能食用。

"雁肾":雁的肾不能食用。

"鸨奥":鸨是现存鸟类中体型最大、身体最重的一种,雌雄不易分辨,古人观察不仔细,认为这种鸟只有雌的,没有雄的,雌鸟要生育,只要别的品种的鸟向它求偶,它就会答应,然后上演一番轰轰烈烈的交配大戏,因此将鸨鸟认作最淫荡的鸟类,移用于妓院老板娘身上，称作"老鸹"。"奥"指藏在最深奥处的脾脏和胃。鸹鸟的脾脏和胃不能食用。

"鹿胃"：鹿的胃不能食用。

以上这些不能食用的部分，据郑玄说是因为"亦皆为不利人也"。

另外值得一提的是，古人认为马肝有毒，因此也不能食用。据《史记·封禅书》记载，方士少翁被汉武帝封为文成将军，但因为法术不灵被杀，汉武帝不愿承认自己被欺骗，假称"文成食马肝死"。东汉学者王充在《论衡·言毒》中写道："火困而气热，血毒盛，故食走马之肝杀人，气困为热也。"

古人食肉的禁忌之多之细，哪里是今天的人们所能够想象的！

脍炙

《论语·乡党》中描述孔子"食不厌精,脍不厌细",这是一句人们耳熟能详的话,意思是:饭食越精细越好,鱼和肉切得越细越好。

还有一个使用频率非常高的成语"脍炙人口",今天已经只具备比喻义了,比喻好的诗文为众人所称美。那么,"脍炙"到底是什么东西?

《说文解字》:"脍,细切肉也。"切得细细的肉叫"脍";"炙,炮肉也",炮肉就是烤肉,烤熟的肉叫"炙"。因此,"脍炙"分别指细切的肉和烤熟的肉。

《礼记·曲礼上》中规定了详细的进食之礼:"凡进食之礼,左殽右胾(zì)。食居人之左,羹居人之右。脍炙处外,醯酱处内。葱渫(xiè)处末,酒浆处右。以脯脩置者,左朐(qú)右末。"

"殽"是带骨头的熟肉;"胾"是切成大块的肉;"醯"是醋;"葱渫"指用来调味的葱和腌菜;"脯脩"指干肉;"朐"指呈曲状的干肉。

这段进食的礼仪是:带骨头的肉要放在左边,大块的纯肉要放在右边。饭食要放在人的左边,羹汤要放在人的右边。细切的肉和烤熟的肉要放得远一点，醋和肉酱要放得近一点。葱和腌菜之类的佐料要放在酱醋的左边，酒浆之类的饮品要放在羹汤的右边。如果陈设干肉，则弯曲的放在左边，挺直的放在右边。

各种食物、饮品、佐料放的位置规定得如此细致，古人吃个饭真是烦琐！当然，正如郑玄所说，此乃"大夫、士与宾客燕食之礼"，普通老百姓是没有资格享用的。

《孟子·尽心下》中记载了一则关于"脍炙"的有趣故事："曾皙嗜羊枣，而曾子不忍食羊枣。公孙丑问曰：'脍炙与羊枣孰美？'孟子曰：'脍炙哉！'公孙丑曰：'然则曾子何为食脍炙而不食羊枣？'曰：'脍炙所同也，羊枣所独也。讳名不讳姓，姓所同也，名所独也。'"

父亲曾皙和儿子曾参（即曾子）都是孔子的学生，公孙丑则是孟子的学生。羊枣又称羊矢枣，顾名思义，长得像羊拉的屎。

曾皙喜欢吃羊枣，曾皙死后，他的儿子曾参不忍心再吃羊枣。

公孙丑问老师："切细的肉、烤熟的肉和羊枣哪个味道更好？"

孟子回答说："切细的肉和烤熟的肉味道更好！"

公孙丑说："那么曾参为什么吃切细的肉和烤熟的肉，却不吃羊枣呢？"

孟子回答说："切细的肉和烤熟的肉是人人都喜欢的，羊枣却只有曾皙一个人喜欢吃。就像避讳是避讳名而不避讳姓，姓是很多人共有的，而名是一个人独有的。"

听了老师这番深入浅出的解释，公孙丑恍然大悟，我们也恍然大悟。

孟子所说的"脍炙所同也"，即人人口中都能品尝出脍炙的美味，但浓缩为"脍炙人口"这一成语，还要后延到五代时期王定保所著《唐摭言》一书。"摭"是有选择地拾取之意，《唐摭言》一书即记载了大量的唐代诗人文士的趣闻轶事。

该书中写道："李涛，长沙人也，篇咏甚著，如'水声长在耳，山色不离门'，又'扫地树留影，拂床琴有声'，又'落日长安道，秋槐满地花'，皆脍炙人口。"由人的口福引申而比喻好的诗文如同人人都喜欢吃的脍炙，以至于今人虽然会熟练地使用这个成语，却不知"脍炙"为何物了！

五味

老子在《道德经》中写道:"五味令人口爽。"《孙子兵法·兵势》中写道:"味不过五,五味之变,不可胜尝也。"由此可知,中国古代的先民们早就总结出了食物的五种味道,即酸、苦、辛(辣)、咸、甘(甜),称之为"五味"。

五行理论诞生之后,古人又以五行配五味。据《尚书·洪范》所载:"五行:一曰水,二曰火,三曰木,四曰金,五曰土。水曰润下,火曰炎上,木曰曲直,金曰从革,土爱稼穑。润下作咸,炎上作苦,曲直作酸,从革作辛,稼穑作甘。"

"水曰润下":水之性乃是从上往下流以滋润万物,故称"润下"。孔颖达解释说:"水性本甘,久浸其地,变而为卤,卤味乃咸。"其实就是我们今天说的盐碱地。在五行理论中,北方、冬天属水,因此"冬多咸",冬天调和食物的时候,咸味要比别的味道多一分。

"火曰炎上":火之性乃炎盛而上升,故称"炎上"。孔颖达解释说:"火性炎上,焚物则焦,焦是苦气。"在五行理论中,南方、夏天属火,因此"夏多苦",夏天调和食物的时候,苦味要比别的味道多一分。

"木曰曲直"：意思是可以使木材弯曲或伸直。孔颖达解释说："木生子实，其味多酸，五果之味虽殊，其为酸一也，是木实之性然也。"在五行理论中，东方、春天属木，因此"春多酸"，春天调和食物的时候，酸味要比别的味道多一分。

"金曰从革"：意思是金可以为人所用，顺从人的意志加以变更制作器具，而其本性不会受到损害。"革"即变更之意。孔颖达解释说："金之在火，别有腥气，非苦非酸，其味近辛，故辛为金之气味。"在五行理论中，西方、秋天属金，因此"秋多辛"，秋天调和食物的时候，辣味要比别的味道多一分。

"土爰稼穑"："爰"是曰、称为之意，土曰稼穑的意思是土地可以种植、收获庄稼。孔颖达解释说："'甘味生于百谷'，谷是土之所生，故甘为土之味也。"在五行理论中，中央（夏秋之间的过渡）属土。

据《周礼》记载，周代有"食医"一职，职责是负责调和天子的膳食："凡和，春多酸，夏多苦，秋多辛，冬多咸，调以滑甘。"春、夏、秋、冬分别对应酸、苦、辛、咸四味，那么"滑"和"甘"是什么东西？

"甘"就是甜，用含有糖分的东西作为佐料来调和菜肴。贾公彦解释说："中央土味甘，属季夏，金木水火，非土不载，于五行土为尊，于五味甘为上，故甘总调四味。"这也就是前文所述，土地生长庄稼，庄稼富含甘味，因此用甘味来调和其他四种味道。

"滑"则是使菜肴变得更加柔滑可口的佐料，其实就是米或某些谷物磨成的粉，米粉可使菜肴柔滑，因此古人还把米粉当化妆品用，涂到脸上，可使脸部光洁柔滑。今天人们做饭时经常使用的芡粉也就是"滑"的一种。正如贾公彦的解释："滑者，通利往来，亦所以调和四味。"

《礼记·内则》中规定，媳妇侍奉公婆吃早饭的时候："馓（zhān）、酏、酒、醴（lǐ）、芼（mào）、羹、菽、麦、蕡（fén）、稻、黍、粱、秫唯所欲，枣、栗、饴、蜜以甘之，堇、荁（huán）、枌（fén）、榆、免、薧（kǎo）、瀡（xiǔ）、滫（suǐ）以滑之，脂膏以膏之。"

"馆"是稠粥；"酏"是稀粥；"醴"是甜酒；"芼"是可供食用的野菜，杂肉为羹；"蕡"是大麻籽，熬成汤。询问公婆喜欢吃以上哪种食物，然后进献给公婆。

"饴"是饴糖，用麦芽制成的糖。孔颖达解释说："以此枣、栗、饴、蜜以和甘饮食。"枣、栗、饴、蜜都是甜食，添加在公婆的饮食中，用来调和味道。这就叫"甘"。

"堇"是一种野菜，即堇菜；"荁"也是堇类的野菜。所不同的是，冬天用堇，夏天用荁。"枌"是白榆树；"免"指新生的植物；"薧"指干的食物；"瀡"和"滫"都是指用淀粉拌和食物。

孔颖达解释说："用堇用荁，及枌、榆，及新生、干薧相和，滫瀡之，令柔滑之。"也就是说，视季节的不同，或用新生或用干枯的堇、荁、枌、榆这些植物制成淀粉，拌和在公婆的食物中，使食物更加柔软滑爽。这就叫"滑"。

"脂""膏"都指从动植物中提炼出来的油脂，所不同的是，凝者为脂，释者为膏，凝固的称作"脂"，稀释的称作"膏"。将脂、膏浇淋在公婆的食物之上，使之更加香美。

《礼记·礼运》载："五味、六和、十二食，还相为质也。"所谓"六和"，即指以滑、甘调和酸、苦、辛、咸四种味道；所谓"十二食"，是指人在一年十二个月中所吃的不同食物；所谓"还相为质"，"质"是本的意思，每月月首，选择适合此一季节的食物为本，十二个月循环往复地食用，只有这样才能使饮食遵循四季的变化，才是健康的饮食习惯。

《黄帝内经·素问》第三篇《生气通天论》中早就指出过:"味过于酸,肝气以津,脾气乃绝;味过于咸,大骨气劳,短肌,心气抑;味过于甘,心气喘满,色黑,肾气不衡;味过于苦,脾气不濡,胃气乃厚;味过于辛,筋脉沮弛,精神乃央。是故谨和五味,则骨正筋柔,气血以流,腠理以密,如是,则骨气以精,谨道如法,长有天命。"因此调和五味乃是中国传统饮食的精髓所在。

五菜

与五味相对应，古人将日常生活的主要食物也都分为五种，当然也是为了对应五行理论。《黄帝内经·素问》第二十二篇《藏气法时论》中写道："五谷为养，五果为助，五畜为益，五菜为充……此五者，有辛酸甘苦咸，各有所利。"

五谷前面已经讲过。有趣的是，五谷竟然也能分出五味！《黄帝内经·灵枢》第五十六篇《五味》中写道："秔（jīng）米甘，麻酸，大豆咸，麦苦，黄黍辛。""秔"通"粳"，读音相同，指不黏的稻米。

五果指桃、李、杏、栗、枣五种水果。《五味》中写道："枣甘，李酸，栗咸，杏苦，桃辛。"

五畜则剔除了六畜中的马，指牛、羊、豕、鸡、犬这五种可以食用的动物。《五味》中写道："牛甘，犬酸，猪咸，羊苦，鸡辛。"

五菜指葵、韭、藿、薤、葱五种蔬菜。《五味》中写道："葵甘，韭酸，藿咸，薤苦，葱辛。"

与五行相对应的食物，它们的五味分类近乎神秘。大豆如何咸？羊肉如何苦？中医理论或有解说，但不是我们所能深究的了。本节主要讲解一下古代最重要的五种蔬菜，即"五菜"。

葵

"葵"可不是向日葵，向日葵原产于中南美洲，大约明代方才传入中国。这里的"葵"指冬葵。明代医学家李时珍所著《本草纲目》中说："古者葵为五菜之主，今不复食之。"明代人已经不复食用的葵菜，却是早期中国先民们最主要的蔬菜，今人更不食用，因此对这种菜几乎不了解。

"葵"的得名很有趣。杜预在为《左传》所作的注中说："葵倾叶向日，以蔽其根。"南宋学者罗愿所著字书《尔雅翼》中也写道："天有十日，葵与之终始，故葵从癸。"冬葵虽然不是今天我们所说的向日葵，但也有向日的特性。冬葵向着太阳，犹如揆度、测量太阳一样，因此从"癸"，揆度、测量之意。

冬葵又称"露葵"，《本草纲目》载："古人采葵必待露解，故曰露葵。今人呼为滑菜，言其性也。"可见冬葵的口感爽滑，故又称"滑菜"。

西汉学者刘向所著《列女传》有《鲁漆室女》一篇，从中可以窥见冬葵对于古人佐肴的重要性。漆室女说："昔晋客舍吾家，系马园中。马佚驰走，践吾葵，使我终岁不食葵。"漆室女的后园中种满了冬葵，被马践踏之后，终年吃不到冬葵，因此发为怨言。

《诗经·国风·七月》中也有"七月亨葵及菽"的诗句，将冬葵和五谷之一的豆类相提并论，可见其重要性。

葵还可以腌制成腌菜，称作"葵菹（zū）"，"菹"就是腌菜。

按照五行理论，"葵甘"，可以调和其他四种味道，因此才被列为"五菜之主"。

韭

"韭"当然就是韭菜,《说文解字》:"菜名。一种而久者,故谓之韭。"许慎的意思是说一棵韭菜可以永久生长,因此待其长高之后,剪去上部,保留根部,韭菜仍然可以复生复长。"韭"字下面的一横表示地面,韭菜在地面上能够一茬一茬永久生长,故名之曰与"久"同音的"韭"。

《诗经·国风·七月》中吟咏道:"四之日其蚤,献羔祭韭。""四之日"指周历的四月,即农历的二月;"蚤"通"早",指二月初。二月开初的时候,要用羊羔和韭菜祭祀神灵和先祖。这是因为韭菜正当时新,古人要用时新的食品以供祭祀,这种礼仪称作"荐新",也就是我们今天说的尝鲜的意思。

按照五行理论,"韭酸"正好对应春天,因此《礼记·王制》中规定:"庶人春荐韭。"农民春天的时候要向天子进献时新的韭菜。天子用韭菜祭祀先祖的时候,为表示隆重,韭菜不能称"韭",而是美称为"丰本",意思是其美在根,赞美韭菜的根部永远不会死亡。

韭菜还可以腌制成腌菜,称作"韭菹"。

韭菹乃是古人的美食,《晋书·石崇传》记载过一则趣事:"崇为客作豆粥,咄嗟(duō jiē)便办。每冬,得韭萍虀(jī)。尝与恺出游,争入洛城,崇牛迅若飞禽,恺绝不能及。恺每以此三事为恨,乃密货崇帐下问其所以,答云:'豆至难煮,豫作熟末,客来,但作白粥以投之耳。韭萍虀是捣韭根杂以麦苗耳。牛奔不迟,良由驭者逐不及反制之,可听蹁(pián)辕则驶矣。'于是悉从之,遂争长焉。崇后知之,因杀所告者。"

咄嗟,意为呼吸之间,比喻迅速;韭萍虀,韭菜和艾蒿等野菜捣碎制成的腌菜;蹁,不正;驶,通"快"。

石崇和王恺都是西晋王朝的大富豪,两人经常斗富。不过石崇有三件事都是王恺所不能及的:一是豆子很难煮熟,但石崇为客人做豆粥,很快就做好了;二是冬天的时候竟然能为客人提供韭萍虀,古时可没有今天的暖房种植技术;三是石崇的牛比王恺的跑得快。

王恺百思不得其解,遂收买了石崇的手下,询问缘由。重金之下,石崇的手下泄了密:"豆子是最难煮烂的,事先煮熟做成豆末,客人来了之后,做好白粥,再投进豆末即可;捣烂韭菜根,掺上麦苗,就可腌制成韭萍虀;牛本来跑得不慢,由于驾驭者跟不上,仅仅就是控制着它罢了,只需将牛车倾斜着侧过一边,牛就跑得快了。"

王恺得知其中的诀窍后,依法而为,果然就能与石崇一争短长了。石崇探知实情后,杀了告密者。

韭萍虀竟然能让两大富豪费尽脑筋,可见其乃古代贵族们不可或缺的美食。

藿

"藿"这个字一看很复杂,今天的人们绝对想不到这是一种什么菜,其实直到今天我们的日常生活中还在食用。

三国时曹魏学者张揖所撰《广雅·释草》中写道:"豆角谓之荚,其叶谓之藿。"原来,"藿"就是豆类的叶子。《说文解字》:"藿,尗之少也。"意思是指豆子的嫩苗。

儒家十三经之一的《仪礼》一书中有《公食大夫礼》一篇,记载国君招待大夫的进食之礼,其中写道:"铏芼(xíng mào):牛藿,羊苦,豕薇,皆有滑。""铏"是盛羹的鼎,两耳三足,有盖;"芼"是可供食用的野菜,杂肉为羹。

这则进食之礼讲的是:盛羹的小鼎中放的菜各有讲究,牛肉羹中要放豆叶,羊肉羹中要放苦菜,猪肉羹中要放薇菜,各自都有"滑",即使菜肴变得柔滑可口的佐料。

《诗经·小雅·白驹》中吟咏道:"皎皎白驹,食我场藿。"一匹毛色如雪的白驹在啃食我菜园中的嫩豆苗。可见豆叶乃古人常食,否则菜园中也不会大量种植。

据《史记·张仪列传》记载，战国时期著名外交家张仪前往韩国游说韩王，开口就说："韩地险恶山居，五谷所生，非菽而麦，民之食大抵饭菽藿羹。"韩国多山，种植的不是豆子就是麦子，而老百姓吃的，不过都是豆子做成的饭和豆叶汤而已。"藿羹"即豆叶做的汤，既为百姓所食，那么一定是粗食，上层统治者是绝不会食用的。因此"藿食"这个词就指老百姓所食的粗食。

西汉学者刘向所著《说苑·善说》中记载了一则有趣的故事：晋献公之时，东郭民有祖朝者，上书献公曰："草茅臣东郭民祖朝，愿请闻国家之计。"献公使使出告之曰："肉食者已虑之矣，藿食者尚何与焉？"

东城外郊区的百姓祖朝，毛遂自荐向晋献公献国家之计，被晋献公一通抢白，说："国家之计，肉食者已经考虑了，你一个吃豆叶的藿食者操什么心呢！"

祖朝不卑不亢地回答说："设使食肉者一旦失计于庙堂之上，若臣等藿食者，宁得无肝胆涂地于中原之野与？其祸亦及臣之身，臣与有其忧深，臣安得无与国家之计乎？"假如肉食者一旦决策不周，像我这样的藿食者不就肝脑涂地于中原大地之上了吗？这种灾祸也会延及于我的身上，我忧患深重，怎么能说不应该参与国家的大计呢？

晋献公一听，赶紧召见，连谈三天三夜，拜祖朝为师。

从这个故事可知，作为五菜之一的藿，主要是平民百姓所食。

薤

"薤"的读音是 xiè，在今天虽然是一个极其生僻的汉字，但却是古人的日常生活中不可或缺的蔬菜。不过这种植物今天已经非常稀有，而且仅仅在南方还有少量种植，称作藠（jiào）子或藠头。

《说文解字》："薤，菜也。叶似韭。"这是说薤的叶子长得像韭菜，因此下面有个"韭"字。薤的气味和葱差不多，因此常常跟葱一起食用。《礼记·内则》中载"膏用薤"，动物的油脂一定要和薤一起烹调。白居易《春寒》一诗中吟咏道："酥暖薤白酒。"说的就是用酥油炒薤白（薤的根茎）投入酒中，令其别有风味。

薤的气味辛辣，因此被道家列为"五荤"之一，禁止食用。今天的"荤"字指肉类食品，但古代则指气味辛辣的菜。道家以韭、薤、蒜、芸薹、胡荽为五荤，芸薹即油菜，胡荽即芫荽，俗称香菜。

薤在古代如此常见，以至于古人拿薤上的露水当作挽歌之名，称作"薤露"。汉乐府中有名为《薤露》的挽歌，歌词为："薤上露，何易晞。露晞明朝更复落，人死一去何时归。""晞"是晒干的意思，这是说薤上的露水很容易就被太阳晒干了，人的一生就像薤露一样易逝，因此发为挽歌。

西晋学者崔豹在《古今注》中详细记载了"薤露"作为挽歌的起源："《薤露》《蒿里》，并丧歌也。出田横门人。横自杀，门人伤之，为之悲歌。言人命如薤上之露，易晞灭也。亦谓人死魂魄归乎蒿里，故有二章，一章曰：'薤上朝露何易晞，露晞明朝还复滋，人死一去何时归。'其二曰：'蒿里谁家地？聚敛魂魄无贤愚，鬼伯一何相催促，人命不得少踟蹰。'至孝武时，李延年乃分为二曲。《薤露》送王公贵人，《蒿里》送士大夫庶人，使挽柩者歌之，世呼为挽歌。"

田横原为齐国贵族，秦末乱世，田横兄弟三人先后占据齐地称王，刘邦统一天下后，田横不愿臣服于汉，率领五百多名部属避居海岛，刘邦派人招抚，田横被迫前往洛阳，途中自杀身亡。听到这一消息，田横的五百多名部属也全部自杀。根据崔豹的记载，《薤露》和《蒿里》乃是田横的门人为主人所作的挽歌。"蒿"即蒿草，比喻人死后魂魄埋没于蒿草之中。汉武帝时规定，"《薤露》送王公贵人，《蒿里》送士大夫庶人"，也就是说这两首挽歌都是出殡时所唱。

李时珍在《本草纲目》中解释说："古人言薤露者，以其光滑难伫之义。"这是美言薤体光滑，露水难以伫立其上，可见薤是古人常食之菜，因此也赋予了它美好的想象。

薤还可以蒸熟了食用。《世说新语·黜免》中记载了一则故事："桓公坐有参军椅蒸薤，不时解，共食者又不助，而椅终不放，举坐皆笑。桓公曰：'同盘尚不相助，况复危难乎？'敕令免官。"

桓公指东晋权臣桓温。"椅"应为"敧（jī）"之误，指用筷子夹取食物。这位参军用筷子夹蒸熟的薤,黏在一起夹不开,同食的人都不帮他的忙,他就夹着不放手,举座皆笑。结果桓温大怒,说:"同桌吃饭尚且不能互相帮助,何况到了危难的时候呢?"于是下令免去在座的所有人的官职。

葱

今天人们只把葱当作调味品使用,但是在古代,葱却是一种蔬菜,《说文解字》:"葱,菜也。"正是此意。

之所以叫"葱",李时珍在《本草纲目》中解释说:"葱从囱。外直中空,有囱通之象也。""葱"的繁体字形是"蔥",因此李时珍说"葱从囱",叶子呈圆筒形,中空,就像通气的烟囱一样。

李时珍又说:"诸物皆宜,故云菜伯、和事。"菜中之伯,可见葱在各种蔬菜中的地位之重要;葱又可以调和各种菜肴,就像和事佬一样,因此又称"和事"。

《礼记·内则》中载:"脍,春用葱。"细切的肉,春天的时候要跟葱一起烹调;又载:"脂用葱。"动物的油脂一定要和葱一起烹调。

葱的气味辛辣,因此被佛家列为"五荤"之一,禁止食用。李时珍在《本草纲目》中载:"佛家以大蒜、小蒜、兴渠、慈葱、茖(gé)葱为五荤。""兴渠"又叫"阿魏",是一种有臭气的植物,原产于中亚和伊朗;"慈葱"即冬葱,茎叶慈柔而香,可以经冬,故称"慈葱";"茖葱"即野葱。佛家认为这五种植物"皆辛熏之物,生食增恚（huì），熟食发淫，有损性灵，故绝之也"。

有趣的是，葱的颜色为青色，因此"葱"引申而指青色。不明白"葱"的这个义项，有时候就读不懂古籍。

《礼记·玉藻》中对大臣所穿祭服的颜色有严格的规定："一命缊韨（wēn fú）幽衡，再命赤韨幽衡，三命赤韨葱衡。"什么叫"一命""再命""三命"？

原来，周代的官爵分为九等，称作"九命"。"一命"是最低级的官吏，比如天子的下士和公侯伯的士；"再命"是比"一命"高一级的官吏，比如天子的中士和公侯伯的大夫；"三命"又是比"再命"高一级的官吏，比如公侯伯的卿。以此类推，天子的三公（太师、太傅、太保）是"八命"的官爵，出封时加一命，称为上公，这是最高的"九命"的官爵。

简单而言，一命即指士，再命即指大夫，三命则指卿。

"一命缊韨幽衡"："缊"指赤黄之间的颜色；"韨"是熟皮制成的蔽膝，遮蔽在膝前，故称"蔽膝"；"幽"通"黝"，黑色；"衡"指佩玉。士所穿的祭服，要用赤黄色的蔽膝，佩黑色的玉。

"再命赤韨幽衡"：大夫所穿的祭服，要用红色的蔽膝，佩黑色的玉。

"三命赤韨葱衡"：卿所穿的祭服，要用红色的蔽膝，佩青色的玉。这里的"葱"即指青色。

七菹

《说文解字》:"菹(zū),酢菜也。"什么叫"酢菜"?南唐学者徐锴解释说:"以米粒和酢以渍菜也。"意思是用米粒和醋来腌菜。清代学者王筠则解释说:"酢今作醋,古呼酸为醋。酢菜犹今之酸菜,非以醋和之。"再往上追溯到东汉学者刘熙所著《释名·释饮食》中的解释:"菹,阻也,生酿之,遂使阻于寒温之间,不得烂也。"这是说将生菜腌制起来使其发酵,类似于今天的泡菜、咸菜。

据《周礼》记载,周代有"醢人"一职,职责之一是掌管"七菹",而且说得很明白,"七菹"皆为"醯物"。"醯"者,醋也,可见"七菹"乃是用盐、醋等佐料腌制而成的酸菜。

"七菹"究竟是哪七种酸菜呢?醢人的职责中记述得清清楚楚,乃是韭菹、菁菹、茆菹、葵菹、芹菹、箈(tái)菹、笋菹。其中,只有韭和葵名列"五菜"之中,由此也可知,古人并不仅仅限于食用"五菜","五菜"不过是最重要、最常见、最经常食用的五种蔬菜而已,其他所食还有多种。

"菁菹"之"菁"指韭菜花,今天仍在食用。

"茆菹"之"茆",一说通"茅",但茅草人所不食;另一说即指莼菜,又叫凫葵,产于江浙一带,嫩叶可食。《诗经·大雅·泮水》中有"思乐泮水，薄采其茆"的诗句，泮水是鲁国境内的河流。这句诗描述因为鲁侯光临而产生的快乐心情，在泮水边采摘莼菜，以供祭祀。可见鲁国境内的池沼也出产莼菜。

莼菜之为美食，《晋书·张翰传》中讲过一个著名的故事：今苏州一带的吴郡人张翰，在洛阳为官，"翰因见秋风起，乃思吴中菰菜、莼羹、鲈鱼脍，曰：'人生贵得适志，何能羁宦数千里以要名爵乎？'遂命驾而归"。

菰菜即茭白，莼羹即莼菜所做的羹汤。秋风一起，张翰就开始思念家乡吴中的菰菜、莼菜羹和切得细细的鲈鱼肉，叹息道："人的一生要活得舒适自得，怎么能够在数千里之外的他乡做官，以求取名号和爵位呢？"于是立刻驾车而归吴中。后人将这个故事提炼为"莼羹鲈脍"和"莼鲈之思"两个成语，用以形容怀念故乡之情。

晋代时张翰尚且还要辞官回乡才能吃到新鲜的莼菜羹，更别说遥远的周代了，因此醢人才将来之不易的吴中莼菜腌制成"茆菹"。

"芹菹"之"芹"当然指芹菜，芹菜也可以腌制成"芹菹"。不过芹菜的味道远远比不上莼菜。《列子·杨朱》中讲过一则寓言："昔者宋国有田夫，常衣缊黂（yùn fén），仅以过冬。暨春东作，自曝于日，不知天下之有广厦隩（yù）室，绵纩狐貉。顾谓其妻曰：'负日之暄，人莫知者；以献吾君，将有重赏。'里之富室告之曰：'昔人有美戎菽、甘枲（xǐ）茎芹萍子者，对乡豪称之。乡豪取而尝之，蜇于口，惨于腹，众哂而怨之，其人大惭。子，此类也。'"

"缊"是乱絮；"黂"是粗麻，"缊黂"即指用乱麻作絮的冬衣；"隩"通"燠"，温暖，"隩室"即指暖房；"纩"是新丝绵絮；"戎菽"指山戎所种的一种豆类，又称胡豆；"枲"是不结籽的大麻。

宋国的田夫很穷，过冬的时候总是穿着用乱麻作絮的衣服。到了春天开始耕作的时候，田夫晒着太阳，不知道天下还有大厦和暖房，还有丝绸和狐、貉的毛皮制成的皮衣。田夫回头对妻子说："晒太阳这么暖和，却谁都不知道，将这件事告诉国君，一定会有重赏。"乡里的富人告诉他说："过去有一个以胡豆为美味，以麻秆、芹菜和蒿子为甘食的人，对乡里的富豪称赞不已，乡里的富豪取过来一品尝，就像毒虫刺痛了嘴巴，肚子也痛起来，大家都讥笑并埋怨那个人，那人也非常惭愧。你就是这类人。"

三国名士、"竹林七贤"之首的嵇康在著名的《与山巨源绝交书》中写道："野人有快炙背而美芹子者，欲献之至尊，虽有区区之意，亦已疏矣。"讲的就是这个故事。后人于是用"献曝""献芹"谦称自己的礼物微薄或者建议浅陋。由此可见，将芹菜腌制成"芹菹"，只不过是为了改善一下口味，并非真的将芹菜当成主菜。

"箔菹"之"箔"即嫩笋，以区别于"笋菹"的竹笋。

以上即为"七菹"。古人将细切的菜末叫"齑"，将完整的菜叫"菹"，因此这七种腌菜都是指完整的酸菜，不同于石崇腌制的碎末状的"韭萍齑"之类的腌菜。

食器

◈ 古代食器种类之繁多,名称之怪异,是今人所无法想象的。

簋:这是盛饭的器具。《说文解字》:"簋,黍稷方器也。"出土的簋,有陶制,也有青铜所制,而且也不都是"方器",有圆有方,以圆居多,圆腹圈足。所谓"圈足",是指支撑的足在腹的底部,成圈状。两旁有耳,便于端放。

簠(fǔ):用途与簋相同,也是盛饭的器具,所以常常"簠簋"连用。《说文解字》:"簠,黍稷圜器也。""圜器"即圆器,但其实出土的簠为方形。

鬲(lì):像鼎一样的煮饭器具,有三只空心的短足,下面烧火炊煮。

甗(yǎn):分为两个部分,下部就是鬲,里面盛水,烧火使水煮沸,蒸气上升到上层;上部叫甑(zèng),底部有许多透蒸汽的小孔;上下层之间是一个带孔的箅(bì)子。甗其实就类似于今天使用的蒸锅,只不过所使用的材质不同而已。

釜:这就是项羽"破釜沉舟"所打破的锅,作用类似于鬲,上面放甑,中间也有箅子。

盨(xǔ):盛食物的铜器,口为椭圆形,有盖,两耳,圈足或四足。

沿街叫卖饼饵之类食物的人，将之负之于肩，或者顶在头上，因此《说文解字》释为"负戴器也"。

敦（duì）：也是盛黍稷的器具，形制奇特，上下各是两个半圆球形，合为圆球形，有足，后来演变为祭祀所用的礼器。

本文将选取最具代表性的三种食器（鼎、豆、镬），再选取用来陈设祭牲的"俎"，再选取用来取食的"匕"和"箸"，来看一下古人是怎样造出这些字的，以及这些字中包含了古人哪些日常生活习俗。

图34　　　　　图35　　　　　图36

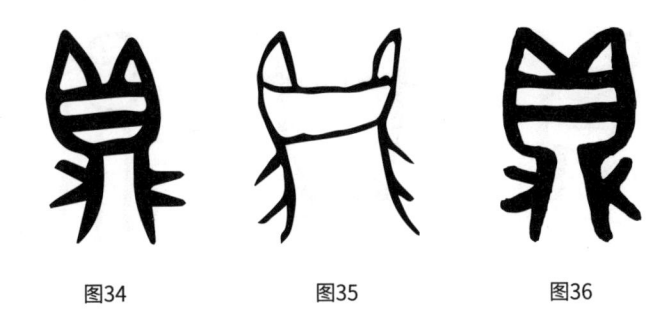

鼎

这个字虽然复杂，却是中国人最耳熟能详的汉字之一。

"鼎"的甲骨文字形之一（图34），这是一个象形字：上面是鼎的两耳，鼎极重，必须用杠子来抬，这个抬鼎的杠子称作"铉（xuàn）"，以金为饰，穿过鼎的两耳；中间是鼎的腹部，腹内的一横表示里面所煮的食物；下面是鼎的三足，众所周知，两足的器具是无法安稳放置的，结合出土的古鼎来观察，则多为圆鼎，圆鼎三足，当然也有四足的方鼎。"鼎"的甲骨文字形之二（图35），大同小异。之所以看起来下面像四足，其实只是用于示意。

"鼎"的金文字形之一（图36），耳、腹、足仍然历历可见。"鼎"的金文字形之二（图37），鼎耳栩栩如生，同时字形也更加美观，为小篆字形打下了基础。"鼎"的金文字形之三（图38），这回刻画者没有省事，仔细地描画出了鼎的三足。《史记·淮阴侯列传》中描写刘邦立

图37　　　　　图38　　　　　图39

韩信为齐王，天下大势，权在韩信，韩信偏向刘邦则汉胜，韩信偏向项羽则楚胜，因此有说客游说韩信"三分天下，鼎足而居"，鼎为三足，正好用来比喻齐、汉、楚三方并峙之势。古人遂以鼎足、鼎立等极富形象性的词汇来比喻三方并峙之势。

"鼎"的小篆字形（图39），规整化的同时，鼎足亦有所变形，以至于许慎认为"象析木以炊也"，"析木"指劈开的木片，用劈开的木片来炊煮。这种解释是错误的，从"鼎"的甲骨文和金文字形的演变即可看出，下面实为鼎足之形。

《说文解字》："鼎，三足两耳，和五味之宝器也。昔禹收九牧之金，铸鼎荆山之下，入山林川泽，螭魅蝄蜽，莫能逢之，以协承天休。""九牧"即九州，据《礼记·曲礼下》中的规定："九州之长，入天子之国，曰牧。"因此用"九牧"代指九州。

许慎的这段解释分为两层意思："鼎，三足两耳，和五味之宝器也"，这层意思是说鼎起初是烹煮食物的食器，用来调和五味；"昔禹收九牧之金，铸鼎荆山之下，入山林川泽，螭魅蝄蜽，莫能逢之，以协承天休"，"天休"的意思是天赐福佑，这层意思是说大禹铸鼎，置之山林川泽能够辟邪，魑魅魍魉等妖魔鬼怪见之望风而逃，鼎从单纯的食器变得具有了法力。

"鼎"为什么会具备这样的法力呢？这是因为禹把天下分成九州，把九州的青铜集中在一起，铸造了九只鼎，在鼎上镌刻着全国的名山大川和奇异之物，一鼎代表一州，九鼎集中存放在夏王朝的都城。从此，九州就成为中国的代称，鼎也从单纯的食器变成了国家政权的象征。有个成语叫"一言九鼎"，就是从这里来的，比喻人说话的分量很重，一句话抵得上九鼎的重量，也用来比喻极其信守诺言。

九鼎铸成之后，夏传商，商传周，周代末年王室衰微，许多强大的诸侯国都觊觎九鼎。据《左传·宣公三年》记载："楚子伐陆浑之戎，遂至于雒，观兵于周疆。定王使王孙满劳楚子，楚子问鼎之大小轻重焉。"楚国国力强盛，楚庄王借着讨伐陆浑之戎的名义，陈兵于东周国都洛阳的南郊，举行盛大的阅兵仪式。这当然是向周王朝和诸侯国示威。周定王派大夫王孙满前去劳军，于是楚庄王向王孙满询问周天子的鼎到底有多重，其意不在鼎而在天下，因此"问鼎"一词遂成为图谋夺取政权的代名词。

王孙满的回答则非常机智，他先说得天下"在德不在鼎"，然后历数了夏禹铸鼎之后的历史变迁，最后得出结论："周德虽衰，天命未改，鼎之轻重，未可问也。"从而一举粉碎了楚庄王"问鼎"的意图。

周王朝灭亡之后，九鼎就神秘地失踪了，有一种说法是九鼎沉入了今江苏徐州的泗水之中。据《史记·秦始皇本纪》载，秦始皇统一天下之后，巡视各方，"过彭城，斋戒祷祠，欲出周鼎泗水。使千人没水求之，弗得"。从此，九鼎就再也没有出现过，成为中国文明史上的一个千古之谜。

有个形容豪门贵族奢侈生活的成语叫"列鼎而食",是贵族们吃饭场景的真实写照。按照周代礼制的规定,周天子列鼎的数量为九鼎八簋,诸侯列鼎的数量为七鼎六簋,卿、大夫列鼎的数量为五鼎四簋,高级的士列鼎的数量为三鼎二簋,低级的士列鼎的数量为一鼎。

据《周礼》记载:"王日一举,鼎十有二。"所谓"举",是指杀牲盛馔,宰杀牲畜,制成丰盛的饭食。所谓"鼎十有二",是指周天子享用的十二种肉食,其中九鼎称"牢鼎","牢"是太牢的意思,牛羊豕三牲具备谓之"太牢";另外三鼎称"陪鼎",是正菜之外的加菜。

周天子的九鼎(牢鼎)分别是:牛鼎、羊鼎、豕鼎、鱼鼎、腊鼎(干肉鼎)、肠胃鼎、肤鼎(切肉之鼎)、鲜鱼鼎、鲜腊鼎;陪鼎分别是:牛羹鼎、羊羹鼎、豕羹鼎。敢情周天子这一顿饭全是肉食!

诸侯的七鼎比周天子少了鲜鱼鼎和鲜腊鼎;卿、大夫的五鼎分别是羊鼎、豕鼎、肤鼎、鱼鼎、腊鼎;高级的士的三鼎分别是豚(小猪)鼎、鱼鼎、腊鼎;低级的士只能食用腊鼎。

古人实行分食制,一座一座鼎按照森严的等级制度铺排在吃饭的人面前,这就是"列鼎而食"的壮观场景。

图40　　　　　　图41

豆

著名语言学家王力先生在《王力古汉语字典》中辨析道:"春秋以前,'豆'和'菽'的意义完全不同,'豆'本是一种盛食品的器皿,引申为量器名,战国以后才用作豆类作物名,汉代以后逐渐取代'菽',成为豆类的总称。"

很多人都不知道"豆"和"菽"的这种区别。原来,最初的时候,豆类作物总称"菽",而"豆"竟然是一种食器!我们来看看这种食器到底是什么样子。

"豆"的甲骨文字形之一(图40),很明显,这是一个圆底高足、上为盘体的食器,盘中的一横代表所盛的食物。那么最上面的一横代表什么呢?待会儿我们再讲。"豆"的甲骨文字形之二(图41),盘中盛食物的样子更加栩栩如生。

"豆"的金文字形之一(图42),更接近今天我们使用的"豆"字。

图42　　　　　　　　图43　　　　　　　　图44

"豆"的金文字形之二（图43），省去了盘中所盛的食物。"豆"的小篆字形（图44），跟今天我们使用的"豆"字没有任何区别。

《说文解字》："豆，古食肉器也。"原来"豆"的本义就是一只盛放肉类的高脚器皿！宋镇豪先生在《中国风俗通史·夏商卷》中提供了考古学证据："河北藁城台西商墓 M 105，随葬陶豆，留鸡骨在其盘。殷墟出土陶豆，也发现盛有羊腿或其他兽类肢骨。可知《说文解字》所言确然。"

不过也有例外。《生民》是《诗经·大雅》中一首周人叙述他们的始祖后稷的事迹并加以祭祀的长诗，其中吟咏道："卬盛于豆，于豆于登，其香始升。""卬"，一说通"昂"，举的意思，意为将祭品放置在豆中；一说是第一人称代词"我"，意为我始祖后稷。这句诗的意思是：我始祖后稷将祭品盛放于豆和登里面，祭品的香气升腾了起来。"登"是什么东西？原来，木制的食器称作"豆"，瓦制的食器称作"登"。

周人祭祀的时候，"豆"和"登"里面盛放的到底是什么祭品呢？西汉初年鲁人毛亨传授《诗经》的著作《毛诗故训传》（简称《毛传》）中解释说："豆，荐菹醢也。"前面讲过，"菹"是腌菜、酸菜，"醢"是肉酱，"荐"是进献的意思。周人将腌菜和肉酱盛放于豆和登中，进献给神灵享用。由此可知，周代不仅用陶豆盛肉食，也用来盛放腌菜。

《周礼·考工记》中说："食一豆肉，饮一豆酒，中人之食也。""中人"指中等人、常人，则豆不仅盛肉类，也可以盛酒，食器、饮器兼用。

"豆"由此而引申为容量单位，四升为一豆。

现在我们来看看"豆"上面的一横是什么东西。据《仪礼·士昏礼》载："醯酱二豆，菹醢四豆，兼巾之。"前面也讲过，"醯"是醋。醋和腌菜、肉酱盛放在豆里，上面要用一块布巾或丝巾盖起来。有的豆有盖子，有的豆没盖子；没盖子的豆用巾盖起来，当然是怕灰尘掉进去，这就是郑玄注解说的"巾为御尘"，有盖子的豆用巾盖起来，也许是起一种装饰的作用，或者干脆就是学没盖子的豆的习惯而已。这种巾，就是"豆"字字形上面的一横。

除了"豆"和"登"之外，还有一种竹制的食器称作"笾（biān）"。豆、登、笾，区别仅仅是制作所用的材料不同罢了，其实是同一种食器，也就是《尔雅·释器》中所说的："木豆谓之豆，竹豆谓之笾，瓦豆谓之登。"《诗经·大雅》中有一首名为《閟（bì）宫》的诗篇，閟宫是鲁国的神庙，其中吟咏道："笾豆大房，万舞洋洋。"将带汁的肉盛放在笾、豆和大房里面，然后浩浩荡荡地起舞。"大房"是玉饰的俎，像房屋的形状。关于"俎"，我们后面再讲。

关于"豆"的形制，夏、商、周三代各有不同。据《礼记·明堂位》载："夏后氏以楬（jié）豆，殷玉豆，周献豆。"夏代所用的"豆"称楬豆，郑玄注解说："楬，无异物之饰也。齐人谓无发为秃楬。"清代学者孙希旦注解说："楬豆，断木为之，而无他饰也。""楬"的本义是小木桩,"楬豆"就是不加装饰的木制的豆。

殷代所用的"豆"称玉豆,顾名思义,就是用玉作装饰的豆。

周代所用的"豆"称献豆,郑玄注解说:"献,疏刻之。"孔颖达进一步注解说:"献音娑,娑是希疏之义,故为疏刻之。"其实,"献"的义项中有呈现、现露之意,比如献丑一词,意为现露丑态,由此而引申为稀疏地呈现出来。献豆是用玉作装饰,而又在柄上稀疏地加以雕刻,故别名"献豆"。

使用豆的数量亦有严格的等级制规定,比如《礼记·礼器》中规定:"天子之豆二十有六,诸公十有六,诸侯十有二,上大夫八,下大夫六。"又比如《礼记·乡饮酒义》中规定:举行乡饮酒礼的时候,"六十者三豆,七十者四豆,八十者五豆,九十者六豆,所以明养老也"。

至于"豆"和"菽"的区别,王力先生已经辨析得非常清楚了。需要补充的是,"菽"虽然是豆类的总称,但如果再细分的话,大豆称"菽",小豆称"荅(dá)"。汉代以后,"荅"字不常用,就将"豆"借用作"荅"的通假字,用来作为豆类的总称,不管大豆、小豆一概称作"豆","菽"的称谓也不再使用,于是"豆"作为礼器和食器的本义就此渐渐失去了。

图45 　　　　　图46 　　　　　图47

镬

"镬"读作 huò，现在是一个生僻字，但是却与古人的日常生活密不可分，这个字的字形也非常有趣。

"镬"的甲骨文字形之一（图45），罗振玉认为这就是"镬"的本字。这是一个会意字，外面是一只鼎状的器具，里面是一只鸟，会意为把鸟儿放进鼎中煮。这只鼎状的器具叫"鬲"，和鼎的区别是鬲下面的三足是中空的。"镬"的甲骨文字形之二（图46），鸟儿身边的黑点表示煮沸的水。"镬"的甲骨文字形之三（图47），鸟儿和鬲的形状都加以简化了。

"镬"的金文字形之一（图48），字形开始变得复杂起来：左边添加了一个"金"，表示鬲乃金属所制；右边鸟儿的下面又添加了一只手，表示用手抓着这只鸟儿放进鬲里面煮。"镬"的金文字形之二（图49），虽然更加美观，但是左边的鸟儿和右边的鬲的形状都变形得厉害。"镬"

图48 　　　　　　图49 　　　　　　图50

的小篆字形（图50），定型为今天使用的"镬"字。

《说文解字》："镬，鑴（xī）也。""鑴"是大盆，其实从形状上来看，"镬"并非大盆之形。张舜徽先生在《说文解字约注》一书中如此替许慎解释："镬与锅，唯深喉、浅喉之辨耳。许以鑴训镬，谓其形似大盆也。"他的意思是说，比较浅的锅形似大盆之形。

《仪礼·少牢馈食礼》载："雍人陈鼎五，三鼎在羊镬之西，二鼎在豕镬之西。"雍人是掌管宰杀烹饪之人，羊镬煮羊，豕镬煮猪。由此也可知鼎和镬是有区别的。《周礼》中还有"省牲镬"的记载，牲镬是专门烹煮用作祭祀的动物的大锅。今天南方的许多地区还把锅叫"镬"或者"镬子"。

据《周礼》记载，周代有"亨人"一职，乃司炊之官："亨人掌共鼎、镬，以给水火之齐。"郑玄注解说："镬，所以煮肉及鱼腊之器。既孰，乃脀（zhēng）于鼎，齐，多少之量。""鱼腊"即干鱼，"脀"指把牲体放入鼎中。由此可知，先用镬把肉或鱼腊煮熟，然后再将煮熟的肉或鱼腊放进鼎中。鼎、镬乃是两种烹饪器。

古时还有用鼎镬烹人的酷刑。《汉书·刑法志》："秦用商鞅，连相坐之法，造参夷之诛，增加肉刑、大辟，有凿颠、抽胁、镬亨之刑。""参夷"指夷三族；"大辟"是死刑；"凿颠"指开凿头颅；"抽胁"指抽取肋骨致死；"镬亨"即镬烹，用镬烹煮人。秦朝刑罚之严酷，可见一斑。

古人最早的饮茶之法就是使用鼎镬。据南宋学者罗大经所著《鹤林玉露》记载："《茶经》以鱼目、涌泉连珠为煮水之节。然近世瀹（yuè）茶，鲜以鼎镬。用瓶煮水，难以候视，则当以声辨一沸二沸三沸之节。"

在唐代陆羽《茶经》之前，中国人很少饮茶，陆羽首创制茶之法。陆羽煮茶，名目繁多："其沸，如鱼目，微有声，为一沸；缘边如涌泉连珠，为二沸；腾波鼓浪，为三沸。"还没有烧开的水称"盲汤"；水刚滚称"蟹眼"，泛起的小气泡就像螃蟹的小眼睛；渐大就叫"鱼目"，像鱼的大眼睛。如鱼目，此为一沸；水边就像涌泉连珠一样，此为二沸；"腾波鼓浪"，水彻底烧开了，此为三沸。罗大经感叹南宋时煮茶不再用鼎镬，而是用瓶，无法用眼睛察看到沸水之态，而只能依靠声音来辨别了。

图51 　　　　　图52 　　　　　图53

俎

"俎"读作 zǔ，今天虽然已经不常用，但却是古人的日常生活中不可或缺的一种礼器。

"俎"的甲骨文字形之一（图51），里面的两个"A"形符号，在甲骨文系统中代表切成块的肉，因此，这两个"A"形符号就表示两块肉。外面则是一个"且"字，不过"且"字中间只有一横。"俎"的甲骨文字形之二（图52），外面的"且"字中间变成了两横。"俎"的甲骨文字形之三（图53），大同小异。

"俎"由两块肉和"且"字组成，说明先有"且"字，后有"俎"字。事实也是如此，"且""宜""祖""俎"这四个字同源，而源头就是"且"这个字，因此，必须先讲清楚"且"到底指什么东西。

直到现在，还有很多学者和各种字典将"且"释义为雄性生殖器的象形，是先民生殖崇拜的象征。这一释义固然可以解释"祖"和

"宜"的造字思维，比如说人类靠生殖繁衍，因此加上一个表示祭祀的"示"组成"祖"字，表示祭祀男性祖先；比如说将男性生殖器形状的祖先牌位或木主放置于房屋之中，有了安放之处，因此表示合宜、适宜之意。但这一释义却无法解释"俎"的造字思维，男性生殖器里面或上面放置两块肉干什么呢？有人认为这是表示将祭肉放置在代表祖先的男性生殖器之前，用来祭祀，但我们看"俎"的字形中，两块肉明明是放置在"且"的里面或上面，并没有放置在"且"的前面。

因此，"且"这个字绝对不是雄性生殖器的象形。那么它到底指什么东西呢？原来，"且"是盛放祭肉的几案的象形。

徐中舒先生在《甲骨文字典》中综合各位学者的意见，认为盛放祭肉的几案由断木制成，"且"外面的轮廓像断木的侧视图，里面的一横或两横是增绘出的横断的断面，断面本应为椭圆形，但因为甲骨文是用刀具等锐利工具刻在甲骨上面，很难刻出椭圆形，于是刻成一横或两横的形状。

张舜徽先生在《说文解字约注》一书中则认为："中有二横，犹今阁物之几，中有格板耳。其数或一或二，本无定式。"

其实，"且"里面的一横或两横，只是几案上用来隔开食物的隔板，最初并没有一格或二格的具体数量规定。"且"这个几案上盛放了两块肉，就是"俎"。

"俎"的金文字形之一（图54）、之二（图55），大同小异，奇特的是左边伸出来的两个"倒T"形的符号是什么东西？很明显金文字形中省去了两块祭肉，而两个"倒T"形又不像两块肉的样子。

凡几案皆有脚，以便放置，我认为这两个"T"形符号就是且的脚，最初为两足。据《礼记·明堂位》载："俎，有虞氏以梡（kuǎn），夏后氏以蕨，殷以椇，周以房俎。"

图54　　　　　　图55　　　　　　图56

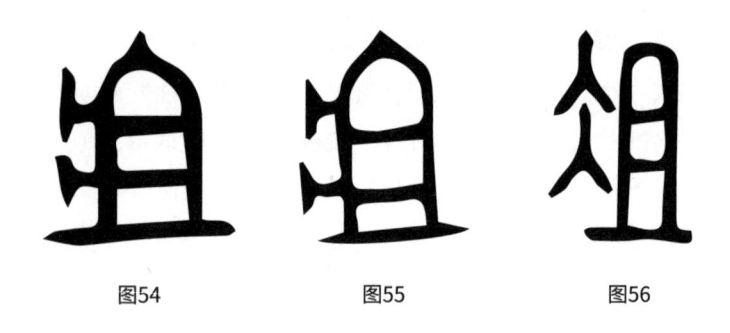

有虞氏指虞舜，虞舜使用的"俎"称梡俎，"梡"指断木，即截断的树木，郑玄注解说："梡，断木为四足而已。"梡俎就是四足的几案，比两足的更稳。

夏代使用的"俎"称嶡俎，"嶡"通"橛（jué）"，短木桩。嶡俎就是不光有四足，四足之间还有横木相连，这样不仅更稳，而且还有装饰效果。

殷商使用的"俎"称椇俎，"椇"即枳椇（zhǐ jǔ），一种落叶乔木，树枝拳曲。椇俎就是用这种拳曲的乔木做成的几案。

周代使用的"俎"称房俎，郑玄注解说："房，谓足下跗（fū）也，上下两间，有似于堂房。""跗"指物体的足部。顾名思义，房俎就如同一座房屋的形状，上文讲解"豆"字时引用的"笾豆大房"的诗句，"大房"就是指房俎。但房俎到底是什么样子，后人早就不清楚了，孔颖达就叹息道："古制难识，不可委知，南北诸儒亦无委曲解之。"唐代已经"不可委知"，更别说今天了。

"俎"的小篆字形（图56），清代学者王筠说："肉不在且上，似后人移使平列也。"这是为了文字的美观和规整，因此将祭肉移到了"且"的左边，平列。许慎根据小篆字形，在《说文解字》中解释说："俎，礼俎也。从半肉在且上。"俎"是当作礼器,为祭祀所用,故称"礼俎"。左边其实就是祭肉,并非许慎所说的"半肉"。

"且"和"俎"的含义既明,那么"祖"和"宜"也就很容易解释了:将祭牲的肉盛放在专用的几案上祭祀祖先,就是"祖",引申指祖先;在房屋或者祖庙之内祭祀祖先,就是"宜",表示合宜、适宜之意。

《诗经·小雅·楚茨》是一首祭祖祀神的诗篇,其中吟咏道:"执爨(cuàn)踖(jí)踖,为俎孔硕,或燔(fán)或炙。君妇莫莫,为豆孔庶。""爨"指烧火做饭;"踖踖"指恭敬而敏捷的样子;"孔硕"形容硕大;"燔"是火烧整只牲畜;"炙"是烤肉。这几句诗的意思是:掌膳的厨师恭敬而又敏捷,盛肉的几案巨大无比,里面盛满了烧肉和烤肉。主妇心怀敬畏而又举止有仪,盛在豆中的食物众多。

由此诗可知,"俎""豆"常常连用,借指祭祀。《论语·卫灵公》中载:"卫灵公问阵于孔子。孔子对曰:'俎豆之事,则尝闻之矣;军旅之事,未之学也。'"卫灵公向孔子询问军阵之事,孔子回答道:"祭祀之事,我曾经听说过;军旅之事,我没有学过。"

俎作为礼器,神圣无比。《左传·隐公五年》载:"鸟兽之肉不登于俎。"国君出外游猎,猎取的鸟兽不是为了祭祀,而是为了口腹之欲,这样的鸟兽之肉是不能盛在俎上的。

俎不仅是祭祀时的礼器,后来也发展成为古人日常生活中常用的盛肉器。《庄子·逍遥游》中写道:"庖人虽不治庖,尸祝不越樽俎而代之矣。""庖(páo)人"指厨师;"尸祝"指祭祀时的主祭人。即使厨师偷懒不下厨,祭祀的主祭人也不能越过樽俎去代替他下厨。"樽"是盛酒器,席上有酒有肉,"樽俎"因此代指宴席,并由此产生了一个成语"越俎代庖",比喻越权办事或包办代替。

《晏子春秋·内篇·杂上》中讲述了一个著名的"樽俎"故事。春秋后期,晋平公准备伐齐,先派大夫范昭出使齐国以探虚实。齐景公摆下酒宴,饮到酣处,范昭对齐景公说:"请君之弃樽。""弃樽"指齐景公用过的酒樽。宾客使用国君用过的酒樽是不合礼仪的,不过,齐景公还是满足了范昭的请求,对左右说:"酌寡人之樽,进之于客。"把我的酒樽斟满酒,进献给客人。

范昭饮尽之后,齐国国相晏子命"彻樽,更之",撤掉这只酒樽,再换一只上来。侍者为范昭更换了新的大杯和小杯。范昭心里很不高兴,假装喝醉了,站起来起舞,要求乐官演奏西周的音乐伴舞,诸侯国不能演奏周王室的音乐,这也是不合礼仪的,因此太师拒绝了。范昭非常生气,快步离席而去。

齐景公一看这种情况,对晏子说:"晋国是大国,派人来刺探我国的政事,如今您惹怒了大国的使者,该怎么办呢?"

晏子回答说:"以范昭的平素为人,并非粗鲁不懂礼节,他故意装醉用您的酒樽饮酒,不过是想试探一下我们君臣而已。"

果然,范昭回去后向晋平公汇报此行的收获,说:"现在征伐齐国还不是时机,齐国君臣和睦,又守礼节,还是等一等吧。"

孔子听说了这起外交风波,评论道:"夫不出于樽俎之间,而知千里之外,其晏子之谓也。可谓折冲矣!"

孔子是在赞叹晏子,说他在樽俎之间、酒宴之上就能够判断千里之外敌人的预谋。折,挫折,屈服;冲,冲车,古代的一种战车,用以冲城攻坚。"折冲"意为挫退敌方的战车,使敌人的冲车屈服。此后,"折冲樽俎"就演变成一个固定的成语,指不用武力而在酒宴谈判中制敌取胜,所谓"不战而屈人之兵也"。

图57　　　　　　图58　　　　　　图59

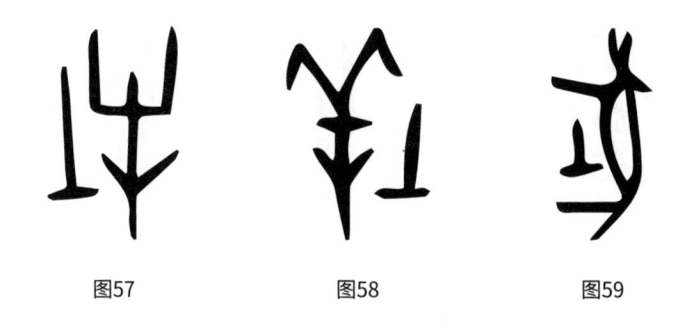

匕

在描述作为食器的"匕"之前,先让我们来看看"匕"字的本义,同时这也是一桩非常有趣的公案。

中国的先民们把雄性动物称为"牡",比如牡马即公马;把雌性动物称为"牝(pìn)",比如牝马即母马。那么为什么作为雄性和雌性动物通称的"牡"和"牝"都是"牛"字旁呢?

事实上,在甲骨卜辞中,"牡"和"牝"并不仅仅用来指代公牛和母牛,而是可以泛指一切动物,比如公牛(图57)、公羊(图58)、公猪(图59)、公鹿(图60),又比如母牛(图61)、母羊(图62)、母猪(图63)、母狗(图64)、母马(图65)、母虎(图66)、母鹿(图67)。只不过因为牛是古人最早驯化的六畜之一,在农耕社会中又是古人最重要的助手,同时也是祭祀时最为尊贵的祭牲,因此,古人就用"牛"字旁的"牡"和"牝"来泛指一切雄性和雌性动物。

图60

图61

图62

图63

图64

图65

图66

图67

图68

从以上甲骨文字形中可以清晰地看出，凡是雄性动物都有一竖一横的"⊥"字符，凡是雌性动物都有或正或反的"匕"字符。那么，这两个字符为什么能够表示雄性或雌性呢？这就是我们要讲解的在汉字历史上古今中外的学者聚讼纷纭的有趣公案。

先来看"牝"。"匕"的甲骨文字形（图68），正如徐中舒先生在《甲骨文字典》中所说："象人鞠躬或匍匐之侧形。"实际上，这是一位柔顺的妇女的形象，进入父系社会之后，妇女的地位低下，因此就用半跪拜的字形来指代妇女。但甲骨文大家郭沫若先生在《释祖妣》的名作中却将这个字形看作"匕枇字之引申，盖以牝器似匕，故以匕为妣若牝也"。"匕""枇"都是像勺子一样的食器，郭沫若竟然认为女性生殖器的形状像勺子，因此才用"匕"字作为女性的代称！

郭沫若的观点影响了一大批学者，直到现在，很多词典还把"匕"解释为女性生殖器的象形，和我们上文讲解"俎"字时提到把"且"视为男性生殖器的象形如出一辙，但我们从"匕"的甲骨文字形中哪里能够看得出女性生殖器的形状！

郭沫若还说"以匕为妣"，这也是大多数学者的一致结论，即"匕"是"妣"的初文。但并非因为"匕"乃女性生殖器的形状而指代女性，而是因为"匕"是柔顺妇女的象形，因此才最早用来指称先祖的配偶。殷商时期早已进入父系社会，因此先祖称"祖某"，先祖的配偶就相应地称"匕某"，后来"匕"专用以指代雌性动物的"牝"，于是才又造了一个"妣"字代替"匕"来称呼先祖的配偶。这就是"匕"和"牝"的来龙去脉。

再来看相对应的"牡"。郭沫若既然把"匕"视作牝器，那么当然也就把"牡"的字形中一竖一横的"⊥"字符视作牡器，即男性生殖

图69　　　　　图70

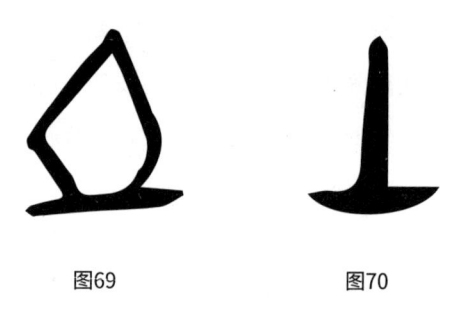

器。但如上所述,既然"匕"并非女性生殖器的象形,那么"丄"字符当然也就不可能是男性生殖器的象形。

包括王国维、林义光、于省吾等在内的著名学者都把这个"丄"字符看作"士","士"是男子的美称,因此用来指称雄性动物。但"士"字却从未写成"丄"字符。

实际上,"丄"字符还就是"牡"中的"土"字。甲骨卜辞中早期的"土"字如图69,像堆在地面的土堆,晚期的"土"字则简化为"丄"如(图70),与金文字形一样。在甲骨卜辞中,"土"不仅代表土地,还是"社"的初文,即土地神,比如"社稷"一词,"社"是指祭祀的土地神,"稷"是指祭祀的谷神,因此用作国家的代称。

郭沫若认为:"土、且、士,实同为牡器之象形。"又把这三个字看作男性生殖器的象形!"且"字已如前述,乃是盛放祭肉的几案的象形;"士"则是一把钺的形状,钺用青铜或铁制成,样子像比较大的板斧,因此"士"的本义是使用斧钺的战士,引申为男子的美称;"土"则是土地和祭祀的土地神。这三个字跟男性生殖器都扯不上任何关系。

"祖"和"社"的同质关系,郭沫若倒是辨析得非常清楚:"土为古

图71　　　　　　　图72

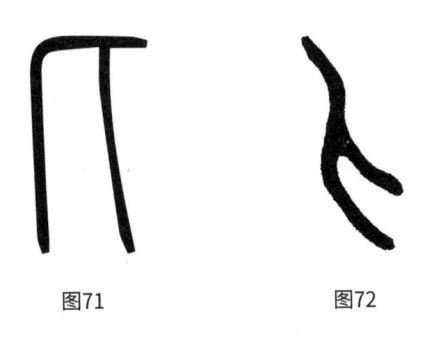

社字，祀于内者为祖，祀于外者为社，祖与社二而一者也。"在父系社会中，先祖毫无疑问指男性祖先，土地神也毫无疑问指男性神，在内祭祀的是先祖，在外祭祀的是土地神，因此"祖"和"社"都可以指称男性，此之谓"祖与社二而一者也"。因此，就像殷人称先祖为"祖某"一样，"土"作为一个非常简略的字符，同样可以指称男性；当"祖"用来指称人类的先祖之后，与之同质的"土（社）"就分化出来指称雄性动物。这一过程与"匕"的演变过程一模一样。

这就是"牡"和"牝"指代雄性和雌性动物的由来。

《说文解字》："匕，相与比叙也。从反人。匕亦所以用比取饭，一名柶。"许慎所说的"从反人"，即背向的人形，是根据小篆字形（图71）得出的形体结论，对比甲骨文字形，我们知道许慎的解释是错误的，许慎没有见过甲骨文，无足为怪。而作为"取饭"所用的食器之"匕"，字形其实应该是如图72，和柶一样都是餐匙、汤勺一类的进食工具。晚清文字学家王筠说："反人则会意，柶则象形，断不能反人而为柶也。乃许君合为一者，流传既久，字形同也。"将初文"妣"之"匕"与汤勺之"匕"混为一谈，是因为二者的字形非常相像，许慎没有区别清楚。

不过,同样是进食的工具,匕和枂还是有区别的,罗振玉在《殷墟书契后编》一书中进行了详细的辨析,同时也揭示了二者的不同功能:"匕之下端尖锐,故短兵谓之匕首,言锐如匕也;枂则下端为广而微方之。"也就是说,匕的下端尖锐,和柄部有明显的分界;而枂呈扁条形,两头向内翻。之所以有这样的形制区别,是因为二者的功用不同:"匕用于鼎,以别出牲体,故须利首;枂则用之于铏于醴,故博叶。"

《诗经·小雅·大东》中"有捄棘匕"的诗句,就是匕的功能的形象写照。"捄(qíu)"是形容匕长长的形状,"棘匕"是指用酸枣木制成的匕。《毛传》解释说:"匕所以载鼎实。"主人待客的时候,要用鼎煮肉,这就叫"鼎实";但鼎很深,因此要用长长的尖锐的匕将大块的肉切割开,再从鼎中捞出来,匕之长度甚至可达三尺;从鼎中将肉捞出来,然后"升之于俎",放置在专门盛肉的几案上,这才可以进食。

"铏(xíng)"则是盛肉菜羹的鼎,枂之所以"博叶",即两头宽而内翻,就是为了方便从鼎中将带汁的肉菜羹挹取出来。"醴"是甜酒,也只能使用曲体内翻的枂才能把酒从容器中挹取出来。

这就是匕和枂的区别。相比之下,匕使用的场合要比枂广得多,因此匕的重要性更是远远超过了枂,《周易》中有"震惊百里,不丧匕鬯"之语,公侯封地百里,这是形容公侯的权威要能震慑百里的封地,方才能够供奉宗庙,守卫匕和秬鬯酒这两种最重要的祭祀用品而不会失去。

箸

最后说"箸（zhù）"。

"箸"就是我们使用的筷子，相同的称谓还有梜（jiā）、梜提，等等。战国末期著名思想家韩非子在《喻老》中讲过一个有趣的故事："昔者纣为象箸而箕子怖，以为象箸必不加于土铏，必将犀玉之杯；象箸玉杯必不羹菽藿，则必旄、象、豹胎；旄、象、豹胎必不衣短褐而食于茅屋之下，则锦衣九重，广室高台。吾畏其卒，故怖其始。居五年，纣为肉圃，设炮烙，登糟丘，临酒池，纣遂以亡。故箕子见象箸以知天下之祸。故曰：'见小曰明。'"

象箸即象牙所制的筷子，殷纣王已经使用象箸，由此可知普通筷子的使用历史更为悠久。看到殷纣王使用象箸，大臣箕子就感到恐惧，他的推理过程是这样的：一旦使用了象箸，就一定不会满足于"土铏"，即盛羹的瓦器，而是要使用犀牛角和玉制的杯子来搭配象箸；一旦使用了象箸和犀玉杯，就一定不会满足于食用豆和豆叶制成的羹，而是要食用牦牛、象和豹子的胎盘制成的羹；一旦食用了这些珍贵的羹，就一定不会满足于穿着粗布短衣，在茅屋之下进食，而是要穿着九重的锦衣，在广室高台之中进食。

箕子果然言中。殷纣王使用象箸五年之后，积肉以为园囿，设炮烙之刑，登上酒糟堆成的山丘，驾临盛满酒的池子，穷尽民力，搜刮民脂民膏，商因此而灭亡，"故箕子见象箸以知天下之祸"，斯言不诬。

不过，即使有了匕、刀、箸等进食工具，从远古时期沿袭而来的手抓进食的习惯却仍有遗留。《礼记·曲礼上》中甚至有这样详细的规定："饭黍毋以箸。"吃黍子做的饭的时候，不能用箸，而是直接用手抓食（也有说是用匕的），但不能团饭，团饭容易团得多，好像争着比别人吃得多一样，是不谦虚的行为，也不能将手抓到的饭再放回去，怕别人嫌脏。

"饭黍"为什么不能用箸呢？因为在进食之礼中，箸的使用有着严格的界限。我们接着往下看："羹之有菜者用梜，其无菜者不用梜。""梜"就是箸。所谓"有菜者"，是指羹中有用来调和五味的菜，交横错落，因此必须用箸才能夹起来；所谓"无菜者"，是指没有加菜的肉汤，直接饮用即可，当然不需要用箸。箸的使用严格地限定于这种情况。

到了汉代，箸的地位变得空前重要起来，如果席上没有箸，就无法进食，以至于还酿成了一次严重的"筷子事件"。据《史记·绛侯周勃世家》载："景帝居禁中，召条侯，赐食。独置大胾，无切肉，又不置櫡。条侯心不平，顾谓尚席取櫡。景帝视而笑曰：'此不足君所乎？'条侯免冠谢。上起，条侯因趋出。景帝以目送之，曰：'此怏怏者非少主臣也！'"

条侯周亚夫担任丞相的时候，屡屡进谏，违背汉景帝的意愿，惹得汉景帝非常不高兴，于是周亚夫托病辞职。后来有一次，汉景帝把周亚夫召进宫中，设宴款待，想试探一下他的脾气改了没有。试探的方法很可笑:"胾"是切成大块的肉,在周亚夫的面前摆上一大块肉,却没有切成小块的肉,又不放置筷子,周亚夫心中不平,回头向掌管宴席的人要筷子。汉景帝笑着问他:"这些还满足不了你的需要吗?"周亚夫免冠谢罪。趁汉景帝起身的机会,周亚夫急趋而出,竟然离席而去!汉景帝目送着周亚夫的背影,说道:"这个遇事就不满意的人不是能够辅佐少主的大臣啊!"

箸的使用使后世发明出一种"横箸"的礼节,卑者吃完饭后,尊者还没有吃完,卑者要将筷子横着放在碗上,以示等待之意。这一礼节是从周礼而来,据《礼记·曲礼上》中的规定:"主人未辩,客不虚口。""虚口"指饭后以酒漱口。如果主人进食未毕,客人是不能先行"虚口"的。发展到唐宋,就有了"横箸"之礼。

"横箸"之礼本来是晚辈或卑者尊敬长辈或尊者的礼节,李商隐却在《杂纂》中将"横箸在羹碗上"视为"恶模样"。针对这一恶评,清代学者梁章钜在《浪迹续谈》一书中进行了辩驳:"李义山《杂俎》谓食毕横箸在羹碗上为恶模样,而此风经久未改。徐祯卿《翦胜野闻》云:'太祖命唐肃侍膳,食讫横箸致恭,帝问曰:"此何礼也?"肃对曰:"臣少习俗礼。"帝曰:"俗礼可施之天子乎?"坐不敬,谪戍。'按此礼诚不宜施于天子,若今人宴会往往如此,未可厚非,而卑幼之于尊长,尤非此不足以明恭。今时下僚侍食于上官,即食毕亦往往作为未毕之状,以待上官之放箸,此正无于礼者之礼,未可尽斥为恶模样矣。"

其实唐肃"横箸"的所谓俗礼恰恰符合古代礼节,而竟然招致朱元璋的反感,以"不敬"的罪名贬谪,由此可见没文化真可怕!

箸多为竹制,因此造字为"竹"字头;而南方多竹,北方多木,因此北方人又添加了"木"字旁为"櫡"。唐代时南方出产一种有趣的竹子，可作筷子和酒筹，因此干脆就以"箸"命名。唐代学者段公路曾供职于广州，著有《北户录》一书，专记岭南奇异的地方物产，其中"越王竹"一条写道："严州产越王竹，根于石上，状若荻枝，高尺余，土人加其色用代酒筹。次有沙箸，产于海岛间，状如莼菜，春吐黄花，其心若骨，可为筹箸。凡欲采者，须轻步拔之，不尔，闻人行声则缩入沙中，了不可取。陈藏器云：'越王余算，味咸，生南海，算子长尺许。'《异苑》云：'晋安有越王余算菜，白者似骨，黑者似角。古云越王行海中，作筹有余，弃之于水，遂生焉。'"

"筹""算"都是竹制的计数工具，这种据说是越王丢弃的算筹，长出的竹子可谓神奇，听到人声就缩进沙中，不知道用这种竹子做成的筷子会不会忽伸忽缩，忽长忽短，那可就太好玩啦！

筷子最常见的官方称谓就是"箸"，但今天的中国人早就不用这个古雅的称谓了。这是一个非常有趣的现象：民间俗称的"筷子"，彻底取代了官方话语的"箸"，竟然从此成了唯一的称谓。

"筷子"的俗称起源于明代。明代学者陆容在《菽园杂记》中记载了吴中（今苏州一带）的各种讳称："民间俗讳，各处有之，而吴中为甚。如舟行讳'住'，讳'翻'，以'箸'为'快儿'，'幡布'为'抹布'；讳'离''散'，以'梨'为'圆果'，'伞'为'竖笠'；讳'狼藉'，以'榔槌'为'兴哥'；讳'恼躁'，以'谢灶'为'谢欢喜'。此皆俚俗可笑处，今士大夫亦有犯俗称'快儿'者。"

原来，"箸"和"住"同音，船家最怕船抛锚停住，因此讳称"箸"，而改为"快儿"，意为让船快行。这是一种讨口彩、图吉利的常见现象，各地方言中都有类似的忌讳。

明人李豫亨在《推篷寤语》一书中说得更加明白："有讳恶字而呼

为美字者，如'伞'讳'散'，呼为'聚立（笠）'；'箸'讳'滞'，呼为'快子'；'灶'讳'躁'，呼为'欢喜'之类。今因流传之久，至有士夫间亦呼'箸'为'快子'者，忘其始也。"

日本人没有这种忌讳，因此日本现在还把筷子称作"箸"。筷子乃竹子所制，久而久之，后人就把"快"加了个竹字头，称作"筷子"了。

虽然古代官方并不承认"筷子"的叫法，比如《康熙字典》中居然没有收入"筷"这个字，但是民间流传的速度实在太快，影响实在太大，至清代已经广泛使用这个称谓了。

进食

古人进食时礼节之烦琐,不仅是今天的人们所无法想象的,更简直令今天的人们叹为观止!绝大多数礼节早已废弃不用,本文特以《礼记·曲礼上》和《管子·弟子职》中的相关规定,为读者朋友们详细讲解一下这些烦琐的礼节。

先引述《礼记·曲礼上》:"凡进食之礼,左殽右胾。食居人之左,羹居人之右。脍炙处外,醯酱处内。葱渫处末,酒浆处右。以脯修置者,左朐右末。"

此节本书《肉食·脍炙》一节中已有详解,请参看,此处仅重复一下译文:带骨头的肉要放在左边,大块的纯肉要放在右边。饭食要放在人的左边,羹汤要放在人的右边。细切的肉和烤熟的肉要放得远一点,醋和肉酱要放得近一点。葱和腌菜之类的佐料要放在酱醋的左边,酒浆之类的饮品要放在羹汤的右边。如果陈设干肉,则弯曲的放在左边,挺直的放在右边。这些规定都是为了方便取用。

"客若降等,执食兴辞。主人兴辞于客,然后客坐。""降等"的意思是客人的身份比主人低一个等级,比如大夫去卿的家里做客,大夫比卿就低一个等级。在这种情况下,客人要先用双手端起食物起立辞谢,表示我的身份不配与您同在堂上进食，我还是去堂下进食吧。然后主人也起立，用言辞阻止客人，然后客人方才落座。

"主人延客祭，祭食，祭所先进。殽之序，遍祭之。"落座之后，主人要引导客人行祭。古人进食之前必行祭礼，每一种食物都要先拨出少许，放置在豆之间的几案之上，表示不忘本，报答发明饮食的先辈。所谓"祭所先进"，是指随主人设馔的先后次序而依次行祭，先端上的菜肴先祭，后端上的菜肴后祭。肉类也要按照次序一一行祭。

"三饭，主人延客食胾，然后辩殽。主人未辩，客不虚口。"前面讲过，"胾"是切成大块的肉；"三饭"是指客人吃过三碗饭后，主人指点并引导客人吃胾；"辨"通"遍"，意思是按照次序将肉食都吃过一遍；"食胾"之后才能"辩殽"，前面讲过，"殽"是带骨头的熟肉。主人还没有吃过一遍的时候，客人不能用酒漱口，表示自己吃饱了，撇下主人一个人进食，这是不礼貌的表现。

进食过程中还有许许多多讲究："共食不饱，共饭不泽手。"大家共用一个饭器，要谦让，不能只顾着自己一个人吃饱；大家共用一个饭器，取饭不用箸，而是用手，因此手要洁净，不能轮到你取饭的时候再搓搓手，那多脏啊！

"毋抟饭，毋放饭，毋流歠（chuò），毋咤食，毋啮骨，毋反鱼肉，毋投与狗骨。"取饭时不要团饭，团饭容易团得多，好像争着比别人吃得多一样；不要将手抓到的饭再放回去，怕别人嫌脏；"歠"是喝的意思，"流歠"指张开口大喝特喝，好像自己要把所有的羹汤都赶紧喝完一样，可想而知显得多么贪婪；"咤食"指一边吃一边口中发出声音，好像嫌弃主人的饭食一样，同样不礼貌；"啮骨"指用嘴咬骨头，一则会发出声响，二则好像嫌主人饭菜不够，非要啃骨头才能吃饱一样；不要把自己没有吃完的鱼肉放回去；不要把骨头扔给狗吃，好像嫌弃主人提供的饭食很贱一样。

"毋固获，毋扬饭，饭黍毋以箸，毋嚃（tà）羹，毋絮羹，毋刺齿，毋歠醢。""固获"指独占和抢取食物，十分可恶；"扬饭"指嫌饭热而扬去热气，显得自己急着吃一样；吃黍子做的饭的时候，不能用箸，而是直接用手抓食（也有说是用匕的），用箸也显得贪吃；"嚃"的意思是囫囵吞咽，羹中有菜，要"梜嚼"，用筷子夹起来慢慢嚼，不能不嚼就囫囵咽下去，比谁吃得都快；"絮"是调和的意思，"絮羹"指在自己的食器中再用盐等调料加以调和，好像嫌弃主人的羹汤毫无味道一样；"刺齿"就是剔牙，也显得不尊敬；前面讲过，"醢"是肉酱，肉酱通常偏咸，你张开口大喝特喝，好像嫌弃主人的肉酱味道淡一样。

"濡肉齿决，干肉不齿决。毋嘬（zuō）炙。""濡肉"指煮烂的肉，只能用牙齿去咬断食用，而不能用手去撕烂；肉干才能用手撕烂食用；"炙"是烤肉，"嘬"指一口吃下去，吃烤肉的时候，不能一口吃下去，否则就显得贪食，而是要用牙齿细细地咬，然后再放在几案上，过一会儿再吃。

"卒食，客自前跪，彻饭齐以授相者，主人兴，辞于客，然后客坐。""彻"指用手撤去食器；"齐"通"齑"，指肉酱和腌菜；"相者"指奉主人命，引导客人进食的人。进食完毕，客人跪坐于自己的食案前，撤去饭食和肉酱、腌菜，交给相者，主人起立，说不用客人亲自动手，然后客人停止动作，落座。

"侍饮于长者，酒进则起，拜受于尊所；长者辞，少者反席而饮。长者举，未釂（jiào），少者不敢饮。"这是晚辈陪侍长辈饮酒之礼。长者派人赐酒，酒到晚辈跟前，晚辈要起立，离席面向长者拜而受之；长者表示不必，晚辈才能返回入座而饮。"釂"指饮尽杯中酒，长者举杯，没有一饮而尽，晚辈不敢饮尽。今天同席饮酒，讲究的是"先干为敬"，已经迥异

进食

于古礼了。

"长者赐,少者、贱者不敢辞。"长者所赐的酒食,晚辈或卑者不必辞谢,接过来就行了,因为双方地位相差太大,如果辞谢,就表示"抗礼",即以平等的礼节相待,所以"不敢辞",连辞谢的资格都没有。

更有趣的是:"赐果于君前,其有核者怀其核。"长者赐给晚辈水果,晚辈吃完后不能把果核扔掉,而是要揣进怀里带回家,表示不敢嫌弃长者所赐之物。

"御食于君,君赐余,器之溉(gài)者不写,其余皆写。"按照礼节,君长进食时,要有御者在旁边"劝侑",劝君长吃饭饮酒,类似于相者的角色,但比相者的地位高,因此御者并不是侍者。"溉"是洗涤的意思;"写"指倒进自己的食器。君长有吃剩下的食物赐给御者,如果君长的盛食器是易于洗涤的陶器等,那么御者就不用倒进自己的食器中,而是直接就在君长所赐的盛食器中食用,事后洗涤干净还给君长即可;但是如果君长的盛食器是不容易洗涤的竹器等,那么御者就要将食物倒进自己的食器中食用,这是生怕弄脏了君长的盛食器的缘故。

再来看春秋时期齐国政治家管仲在《管子》一书中记载的进食之礼。该书《弟子职》一篇是中国古代教育史的重要文献,制定了弟子与先生相处的各种守则,其中进食之礼规定得非常详细。

"至于食时,先生将食,弟子馔馈。摄衽盥漱,跪坐而馈。置酱错食,陈膳毋悖。""馔馈"指进献饭菜;"摄衽"指整饬衣襟,表示庄重。到了用饭的时候,先生将食,弟子进献丰盛的肴馔;要郑重地整理好衣襟,洗手漱口之后,跪坐着进献肴馔;摆放好酱和饭菜,肉食的陈列不可错乱次序。

此为总纲,以下是具体的进食过程。

"凡置彼食,鸟兽鱼鳖,必先菜羹。"进献饭食的程序是,在鸟兽鱼鳖等肉食之前，一定要先进献用蔬菜煮的羹汤。这一次序倒是跟今天南方人吃饭时先喝汤的习惯相似。

"羹胾中别，胾在酱前，其设要方。"肉羹和大块的肉相间摆放，大块的肉置于酱的前面，摆设的形式要方正。

"饭是为卒，左酒右酱。告具而退，奉手而立。"饭要最后端上来，左边放酒，右边放酱。饭菜全部上完后，弟子退下，拱手站在一旁。

"三饭二斗，左执虚豆，右执挟匕，周还而贰，唯嗛（qiàn）之视，同嗛以齿，周则有始，柄尺不跪，是谓贰纪。"一般吃三碗饭，二斗是用来替换汤汁淋漓的饭碗的；弟子左手拿着空碗，右手拿着筷子和勺子，巡回添加饭菜；"嗛"是吃完的意思，弟子要留心观察先生的碗是否空了，如果有多位先生的碗都空了，要按照年龄的先后添加，如此周而复始；如果使用柄长一尺的勺子，就无需跪着添饭。这些都是添饭加菜的规章。

"先生已食，弟子乃彻，趋走进漱，拚前敛祭。""拚"通"摒"，除去，清理。先生进食完毕，弟子便撤下食器，赶紧为先生送上漱口的器具，然后清理席前，收起祭品。

先生进食完毕，方才轮到弟子们进食。

"先生有命，弟子乃食，以齿相要，坐必尽席。"先生吩咐之后，弟子们才开始吃饭，要按照年龄的先后入座，坐下时要尽量往前靠，紧挨着座席的最前面，如果坐得靠后，取食的时候就要溅污席面，也是对先生的不尊。

"饭必捧擥（lǎn），羹不以手。亦有据膝，毋有隐肘。""擥"通"揽"，撮持，即用手撮持的意思。吃的饭要用手捧食，菜羹则不能用手撮抓；可以将两手靠着膝盖，但是不能将两肘趴伏在席面上。

"既食乃饱，循咡（èr）覆手，振衽扫席，已食者作，抠衣而

进食

降。""咡"如字形所示,指口耳之间;"抠衣"指提起衣服的前襟,表示恭敬。弟子们吃完吃饱之后,要用手把嘴边擦干净,轻抖衣襟,搬开坐垫,站起来,提起前襟,恭敬地离席。

"旋而乡席,各彻其馈,如于宾客。既彻并器,乃还而立。"过了一会儿还要再回到席前,各自撤去剩下的食物,就像为宾客撤席一样;撤席之后,收拾好食器,再回去垂手而立。

以上即为弟子侍奉先生进食以及自己进食之礼,今天哪里还有一丝一毫的踪迹可寻?

饮酒

中国是世界公认的酒文化大国，酿酒历史源远流长。宋镇豪先生在《中国风俗通史·夏商卷》一书中详细列举了夏商两代酒的种类："夏商时代酿酒业的发展十分迅速，已由谷物天然酒化进入人工培植曲蘖（niè）发酵造酒的新阶段，酿酒作坊相当普遍，批量生产也颇具规模。酒的品种，夏代有汁滓和合的浊甜酒'醪'酒和用糯性粟酿制的'秫酒'。商代有用粟酿制的粮食白酒，用谷米酿制的薄味浊酒'醴'，用束茅过滤去滓的清醴酒'醙'，用黍酿制的'鬯'及调入煮郁液的'郁鬯'，有果酒桃仁酒、李酒、枣酒，还有草木榠、大麻籽所制的药酒。"

相传酒为仪狄所创制。据《战国策·魏策二》载："昔者帝女令仪狄作酒而美，进之禹，禹饮而甘之，遂疏仪狄，绝旨酒，曰：'后世必有以酒亡其国者。'""旨酒"即美酒。这个故事最值得注意的一点是：从一开始，美酒就和所谓"酒德"挂上了钩。《史记·殷本纪》载殷纣王"以酒为池，悬肉为林，使男女裸相逐其间，为长夜之饮"，并最终亡国的历史事实，也为夏禹的"后世必有以酒亡其国者"的论断添加了一个注脚。

本文先讲解"酒"这个字是怎样造出来的，然后论及古人心目中的酒德和饮酒的礼仪，最后讲解包含在"浮以大白""酒令大如军令"和"病酒"这三个日常俗语中的古代饮酒礼仪。

图73 　　　　　　图74 　　　　　　图75 　　　　　　图76

酒

先说"酒"。

早在甲骨文时代就已经有了"酒"这个字,我们来看看"酒"的甲骨文字形之一(图73),中间是一个酒坛子,左右两边是水形,表示用水酿酒。"酒"的甲骨文字形之二(图74),右边是酒坛子,左边是点点洒出的酒滴或者酿酒所用的水。"酒"的金文字形(图75),南宋学者戴侗说"像酒在缸瓮中",这只装酒的酒坛子其实就是"酉",以"酉"作偏旁的字都跟酒有关。"酒"的小篆字形(图76),又回到甲骨文字形,特意强调左边的水形。

《说文解字》:"酒,就也。所以就人性之善恶。从水,从酉,酉亦声。一曰造也,吉凶所造也。古者仪狄作酒醪,禹尝之而美,遂疏仪狄。杜康作秫酒。"许慎所说,乃是因为酒的危害所生发出来的劝诫含义,并非"酒"的本义,"酒"的本义就是酿制成功的酒。

最初的时候，酒只能在祭祀之后饮用，记载上古事迹的《尚书》中有一篇《酒诰》，可以算得上中国最早的禁酒令，其中规定："祀兹酒。"只有祭祀的时候才可以饮酒；又规定："惟元祀。"只有大祭的时候可以饮酒。祭祀所用的酒还有专名，不能叫"酒"，而要叫"清酌"，《礼记·曲礼下》中规定："凡祭宗庙之礼……酒曰清酌。"孔颖达解释说："酌，斟酌也，言此酒甚清澈，可斟酌。"这个解释很奇怪，也很有趣，清澈的酒可以拿来"斟酌"，难道浑浊的酒就不能拿来"斟酌"吗？

至迟到周代，中国关于酒的制度就已经完备。周代专门设有酒正和酒人的官职，酒正是酒官之长，酒人的职责是："酒人掌为五齐、三酒，祭祀则共奉之。"举行祭祀等事时负责给宾客供酒等相关事宜。

此处提到的"五齐""三酒"是关于酒的详细分类。"五齐"分别是："泛齐"，酒色最浊，上面有浮沫，故称"泛齐"；"醴齐"，甜酒；"盎齐"，白色的酒；"缇（tí）齐"，"缇"是丹黄色，"缇齐"即丹黄色的酒；"沈齐"，"沈"通"沉"，酒糟和渣滓下沉的酒。"齐"是等的意思，"五齐"即按照清浊程度所分的五等酒。

"三酒"分别是："事酒"，有事时才酿制的酒，时间较短；"昔酒"，酿得时间较长的酒，冬酿春熟；"清酒"，酿制时间最长的酒，冬酿夏熟。

"五齐"就是所谓的浊酒，是相对清酒而言的，清酒是质量最好的酒，专用于祭祀的场合，浊酒虽然比不上清酒，但是也不能说就是劣质酒，只不过相对清酒而言色泽稍微混浊而已。

和今天的蒸馏酒不同，"五齐""三酒"都是发酵后直接饮用的酒，度数当然也就没有今天的白酒高，蒸馏酒的技法是从元朝才开始出现的。浊酒因为是现酿，不易保存，必须酿好就喝，所以李白的诗中说

饮酒

"风吹柳花满店香,吴姬压酒劝客尝",压酒即把刚刚酿好的酒的酒汁和酒糟分开。

酿酒需要耗费大量的粮食,因此历朝历代都有为时或长或短的禁酒令,禁酒期间,人们忌讳说"酒"这个字,于是就出现了许多有趣的称呼:比如称清酒为"圣人",浊酒为"贤人"。还称清酒为"青州从事",青州有齐郡,"齐"和"脐"同音,意思是清酒的酒气可以一直到达肚脐;称浊酒为"平原督邮",平原有鬲县,"鬲"和"膈"同音,意思是浊酒的酒气只能到达隔膜以上。

据《汉律》规定:"三人已上无故群饮,罚金四两。"这是汉初的禁酒令,三个人没有任何缘由就在一起饮酒,就属于犯法之举。到了三国时期,刘备有一则广为流传的禁酒的趣事。据《三国志·简雍传》记载:"时天旱禁酒,酿者有刑。吏于人家索得酿具,论者欲令与作酒者同罚。雍与先主游观,见一男女行道,谓先主曰:'彼人欲行淫,何以不缚?'先主曰:'卿何以知之?'雍对曰:'彼有其具,与欲酿者同。'先主大笑,而原欲酿者。"

这一年蜀国大旱,粮食不敷应用,刘备于是颁布了禁酒令,不准把宝贵的粮食拿来酿酒,并派官吏深入家家户户搜查,发现酿酒的器具统统予以没收,施以重刑,弄得人们怨声载道。有一天,简雍陪同刘备出门,路上看到一对青年男女一起走路,简雍目不转睛地盯着他俩,故作紧张地拉着刘备的袖子说:"快快快!快派人把这个男的抓起来!他想要去行淫秽之事!"刘备一听大为惊奇,问道:"你怎么知道他要去行淫?"简雍回答道:"他明明长着男性生殖器啊!就跟那些私藏酿酒器具的人一样啊!"刘备听了哈哈大笑,回去后就赦免了那些私藏酿酒器具但是并没有酿酒的人。

酒德

再说"酒德"。

今天人们聚会时,对那些酒后不乱性的人,总是夸赞一句"有酒德",谓酒后有德。显然,"酒德"是一个褒义词。但是鲜为人知的是,这个词在最初使用的时候,竟然是一个地地道道的贬义词,意思是酒后无德!

《尚书》中有一篇《无逸》,乃周公所作,告诫周王:"无若殷王受之迷乱,酗于酒德哉!"孔安国解释说:"以酒为凶谓之酗。言纣心迷政乱,以酗酒为德。戒嗣王无如之。""嗣王"指继位之王,告诫继位的国君不要像纣王那样"以酗酒为德"。孔颖达进一步解释说:"言纣心迷乱,以酗酒为德,饮酒为政,心以凶酒为己德,纣以此亡殷。"

在古人的心目中,"德"历来是一个美好的概念,纣王"以酗酒为德",何以能够称作"德"呢?孔安国和孔颖达都没有解释清楚。宋代学者蔡沉则给出了这样的解释:"酗酒谓之德者,德有凶有吉,韩子所谓道与德为虚位是也。"蔡沉引用的韩愈这句话出自《原道》一文,这篇文章一开头,韩愈就说:"仁与义,为定名;道与德,为虚位。故道有君子小人，而德有凶有吉。"在韩愈看来，仁与义都有其确定的内容，但是道和德却没有。因此道有君子之道和小人之道，而德则有吉凶之分。纣王"以酗酒为德"，即属于凶德。

汉语中有一个独特而有趣的现象，叫作反义同字或者反义同词。一个字或者一个词在不同的语言环境中，体现出两种完全相反的含义，比如"祥"字，既可以指吉兆，又可以指凶兆。"德"也是如此，因此韩愈说"德有凶有吉"。

魏晋时期最著名的酒徒刘伶，曾写有《酒德颂》一文，其中盛赞饮酒之德："静听不闻雷霆之声，熟视不睹泰山之形，不觉寒暑之切肌，利欲之感情。"从此之后，"酒德"才成为一个褒义词。不过刘伶之所谓"酒德"，更偏向于饮酒的旨趣；后世乃至今天所说的"酒德"，则是指酒醉后不乱性的德行。

《尚书·酒诰》虽然篇幅短小，但却集中体现了儒家的酒德观。除了上面引用的"祀兹酒"和"惟元祀"之外，还有如下的规定：

"无彝酒"："彝"是经常的意思，不要经常饮酒。

"饮惟祀，德将无醉"：只有祭祀时才可以饮酒，用道德对自己加以约束，不要喝醉了。

"厥父母庆，自洗腆，致用酒"："厥"，其，他的；"洗腆"，洁净丰厚。孝敬父母，使父母高兴，并亲自为父母置办洁净丰盛的酒食，这时可以饮酒。

"尔大克羞耇（gǒu）惟君，尔乃饮食醉饱"："羞"，进献；"耇"，老人。你们都能够向老人和国君进献酒食加以供养，那么你们就可以吃饱喝足。

"不腆于酒"：不沉湎于酒。

"厥或诰曰：'群饮。'汝勿佚，尽执拘以归于周，予其杀"：如果有人报告聚众饮酒的现象，你们不要放纵，全部拘捕押送到周的都城，我择其罪重者杀掉。

据《周礼》记载，周代还专门设置了"萍氏"一职，职责之一是"几酒，谨酒"。"几"是考察的意思，"几酒"的意思是考察买酒过多的行为，以及不该饮酒的时候饮酒的行为；"谨酒"的意思是使百姓节制饮酒，不要经常饮酒，要在规定的时候饮酒。

《酒诰》的酒德观，奠定了其后两千多年中国酒文化的酒德观，一直到今天，核心部分从来没有改变过。

饮酒的礼仪

古人饮酒的礼仪，《仪礼》中有一篇《乡饮酒礼》，载之最详。所谓"乡饮酒礼"，是指掌管一乡政教禁令的乡大夫做主人所设的宴饮，乡大夫每三年要向国君荐举贤能之士，在乡学之中设宴会饮，待之以宾礼，或以宾礼宴饮国中的贤者。此外，州长于春、秋两季集会民众举行射箭比赛，射前也要饮酒；冬季的最后一个月要举行腊祭，这是年终的大祭，因此也要饮酒。这些都是"乡饮酒礼"。

"乡饮酒礼"的程序至为烦琐，本文仅介绍落座之后宾的饮酒程序：

"宾坐，左执爵，祭脯醢，奠爵于荐西，兴。""脯醢"，干肉和肉酱；"荐"，垫席；"兴"，站起。宾坐下，左手拿起酒爵，右手取干肉和肉酱祭祀发明这种食物的先祖，然后将酒爵放在席的西侧，站起身来。

"右手取肺，却左手执本，坐，弗缭，右绝末以祭，尚左手，哜（jì）之，兴"。"肺"，周代使用祭牲的肺来祭祀；"却"，仰；"本"，祭牲之肺厚而大的一端；"缭"，即"缭祭"，周代的九祭之一，用右手从肺的厚而大的根部抚摸到末端，然后断绝肺尖用来祭祀；"绝末"，即断绝肺尖；"哜"，举行祭礼时，将祭祀所用的食物举到牙齿前尝一尝。宾用右手拿起祭肺，左手朝上执着祭肺厚而大的一端，并坐下，不再像"缭祭"一样抚摸祭肺，而是用右手直接断取肺尖，用它来祭祀；然后右手上举超过左手的高度，尝一口祭肺，站起身来。

"加于俎，坐挩（shuì）手，遂祭酒，兴。席末坐，啐（cuì）酒，降席，坐奠爵，拜，告旨，执爵兴。""挩"，擦拭；"啐"，饮酒入口；"旨"，味美。宾把祭肺放到俎上，再坐下，把手擦拭干净，然后再祭酒，起身，到席的西端坐下，尝一口酒，然后离席，再坐下，放好酒爵，向主人拜一次，称赞酒的甘美，拿着酒爵站起来。

"主人阼（zuò）阶上答拜。宾西阶上北面坐，卒爵，兴；坐奠爵，遂拜，执爵兴。主人阼阶上答拜。""阼阶"，东阶；"卒"，尽，卒爵即喝尽杯中的酒。这时，主人在东阶上对宾答拜。宾走到西阶之上面朝北坐下，喝尽杯中的酒，然后起身，再坐下，放好酒爵，然后拜一次，拿着酒爵站起来。主人在东阶上答拜。

这还只是宾喝到一杯酒的程序，要想好好喝一顿酒，还有许许多多烦琐的程序，此不赘述。

《诗经·小雅·楚茨》中有"为宾为客，献酬交错"的诗句，讲的就是主人和宾客之间相互敬酒的礼仪。主人向宾客敬酒叫"献"，《仪礼·乡饮酒礼》中如此描述："主人坐取爵，实之宾之席前，西北面献宾。"主人坐下，拿起酒爵，斟满酒，到宾的席前，面朝西北将这杯酒敬献给宾。之所以面朝西北，是因为宾要站在西阶的上方。

"献宾"之后，宾要向主人还礼，这叫"酢（zuò）"。《仪礼·乡饮酒礼》中如此描述："宾实爵主人之席前，东南面酢主人。"宾斟满酒，到主人的席前,面朝东南将这杯酒还礼敬献给主人。

"酢主人"之后,主人先自饮,然后再劝宾饮,这叫"酬"。《仪礼·乡饮酒礼》中如此描述:"主人实觯(zhì)酬宾。""觯"是饮酒器。主人斟满酒,先自饮,然后劝宾饮。之所以先自饮,是表示自己的忠信之意,生怕宾不饮,我先饮。

这就是"酬酢"和"应酬"这两个汉语词汇的来历,引申而为交际往来、应对之意。

《新唐书·卓行传》中讲过一个有趣的"酬酢"的故事。阳城是唐德宗时期一位著名的隐士,学问渊博,隐居于中条山,官府屡屡请他出山做官,阳城一概拒绝。后来唐德宗亲自拜他为右谏议大夫,阳城没办法,只好出山。阳城的名气实在太大了,谏议大夫又是个谏官,人们都以为阳城一定会对看不惯的事情言辞激烈地进谏,没想到阳城从来不开口进谏,每天都跟二弟一起请客饮酒,昼夜不息,天天喝得酩酊大醉。官员们都看不惯阳城这种尸位素餐的举动,韩愈还专门写了一篇《争臣论》来讽刺他,阳城一概置之不理。

"客欲谏止者,城揣知其情,强饮客,客辞,即自引满,客不得已。与酬酢,或醉仆席上,城或先醉卧客怀中,不能听客语,无得关言。"

有位客人来到阳城的府上,想劝说他为天下百姓着想,尽自己谏官的本分,还没开口,阳城就猜到了他的心思,强逼着客人饮酒,客人想告辞而去,阳城就把手中的酒一饮而尽,这就叫"酬"。按照礼节,既然主人已经先自饮尽,客人不得不"酢",也要饮尽杯中酒。于是主人"酬",客人"酢",你来我往,须臾之间客人就喝得大醉,出溜到桌子底下起不来了,再也没办法劝说阳城了。

古人饮酒礼仪之所以如此烦琐，《礼记·乐记》中说得非常清楚："先王因为酒礼，壹献之礼，宾主百拜，终日饮酒而不得醉焉，此先王之所以备酒祸也。"进酒一次称作"壹献"。进一次酒，宾主之间的揖让竟然可达百次之多，用意就在于延长喝一杯酒的时间，这样的话，即使终日饮酒也不会喝醉，也就避免了"酒祸"。

浮以大白

今人饮酒，若是有一些文人雅士在座，还常常可以听到"浮以大白"的说法。通常是听到妙语或者直抒胸臆的痛快话，在座的酒人就会举起酒杯，来上一句"浮以大白"，或一饮而尽，或喝上一大口。但这句俗语却常常被误读为"浮一大白"，这是错误的，正确的写法是"浮以大白"。而且，"浮"和"大白"到底是什么意思，二者又是怎么组合在一起的？相信很多人都茫然不知。

"浮以大白"一词出自西汉学者刘向的《说苑·善说》："魏文侯与大夫饮酒，使公乘不仁为觞政，曰：'饮不釂者，浮以大白。'"

"觞政"即酒令，监督行酒的官员；"釂"，饮尽杯中酒；"浮"，倒满一杯酒罚人。"白"是什么东西呢？原来，"白"是专门用来罚酒的酒杯。在为《汉书·叙传上》所作的注解中，颜师古解释说："白者，罚爵之名也。饮有不尽者，则以此爵罚之。""大白"不是大酒杯，而是指一满杯酒。

"文侯饮而不尽釂，公乘不仁举白浮君。君视而不应，侍者曰：'不仁退，君已醉矣。'公乘不仁曰：'《周书》曰："前车覆，后车戒。"

盖言其危。为人臣者不易，为君亦不易。今君已设令，令不行，可乎？'君曰：'善。'举白而饮，饮毕，曰：'以公乘不仁为上客。'"

魏文侯一杯酒没有饮尽，公乘不仁"举白浮君"，对他说："前车之覆，后车之鉴。您已有令在先，自己却不遵守，可以吗？"魏文侯很惭愧，"举白而饮"，甘心受罚。

《汉书·叙传上》中描写权贵们不遵礼法，在宫中肆意饮酒，"皆引满举白，谈笑大噱（jué）"。"噱"，大笑。"白"，服虔解释说："举满杯，有余白沥者，罚之也。"孟康解释说："举白，见验饮酒尽不也。"颜师古解释说："谓引取满觞而饮，饮讫，举觞告白尽不也。"可见"浮以大白"乃由饮酒时举杯验证是否饮尽而来，若未饮尽，则必须罚一满杯酒。

"白"从"罚爵"引申为泛指酒杯，"浮白"和"浮以大白"也就相应地从罚饮一满杯酒引申为满饮或畅饮酒，"浮"和"白"的原始含义也就渐渐不为人所知了，以至于今人饮酒，不罚而自饮，也敢豪放地自称"浮以大白"了。

酒令大如军令

上述魏文侯故事中担任"觞政"的公乘不仁"举白浮君"的行为即俗语中所谓"酒令大如军令"。周代设有"酒正"的官职,掌管饮酒时的各种事宜,"酒令"即脱胎于这种制度。在古人看来,饮酒是一件很严肃的事情,因此比之以政治,这就叫"觞政",酒宴中行酒令必须严格听从令官的号令,令行禁止,包括国君在内的任何人都不能违背。《诗经·小雅·宾之初筵》中有"凡此饮酒,或醉或否。既立之监,或佐之史"的诗句,行酒令的令官被称作"酒监"或"酒史",即"既立之监,或佐之史"。

《史记·齐悼惠王世家》中讲了一个有趣的故事:"朱虚侯年二十,有气力,忿刘氏不得职。尝入侍高后燕饮,高后令朱虚侯刘章为酒吏。章自请曰:'臣,将种也,请得以军法行酒。'高后曰:'可。'"

汉惠帝驾崩后,吕太后临朝听政,代行皇帝的权力。她违背了刘邦生前非刘氏子孙不得封王的约定,封自己的侄子吕产为梁王、吕禄为赵王,侄孙吕通为燕王。刘邦的孙子刘章在长安担任宿卫,吕太后封他为朱虚侯,并把吕禄的女儿嫁给他为妻。二十岁的刘章血气方刚,看不惯诸吕的胡作非为，常常担忧刘氏的天下会被吕氏取代。

有一次，吕太后举行盛大的酒宴，在座诸位都是朝廷重臣，诸吕自然也在其中。吕太后命刘章担任酒监，刘章对吕太后说："臣是将门之后，请允许臣以军法行酒令。"吕太后答应了。

"酒酣，章进饮歌舞，已而曰：'请为太后言耕田歌。'高后儿子畜之，笑曰：'顾而父知田耳。若生而为王子，安知田乎？'章曰：'臣知之。'太后曰：'试为我言田。'章曰：'深耕穊种，立苗欲疏，非其种者，锄而去之。'吕后默然。"

众人喝得酒酣耳热，席间的气氛越发热烈起来。刘章起身献舞，对太后说："请让我为太后演唱《耕田歌》。"吕太后还把刘章当小孩子看待，笑着说道："想必你父亲懂得种田的事，你生为王子，哪里能够知道种田的事呢！姑且试着说说看。"

于是刘章说道："深耕穊（jì）种，立苗欲疏，非其种者，锄（chú）而去之。""穊"，稠密；"锄"，除去。刘章这段话的意思是：深耕密种，秧苗稀疏，不是同类，坚决铲除。这段话显然是针对诸吕而言，因此吕太后默然不言。

"顷之，诸吕有一人醉，亡酒，章追，拔剑斩之，而还报曰：'有亡酒一人，臣谨行法斩之。'太后左右皆大惊。业已许其军法，无以罪也。因罢。"

又喝了一会儿，诸吕中有一位不胜酒力，逃离了酒席，刘章紧紧在后面追赶，赶上之后，一剑割下了此人的头颅。刘章提着头回来报告说："有一人逃离了酒席，臣按照军法杀了他，回来复命。"吕太后和群臣大惊失色，但是本来已经答应了刘章以军法行酒令，无法再怪罪他。自此之后，诸吕最害怕的人就是朱虚侯刘章了，刘章此举也使得刘氏的声势渐渐强盛了起来。第二年吕太后驾崩后，刘章协助周勃、陈平等人平定了诸吕的叛乱，保住了刘氏的江山。

"酒令大如军令"的俗语就是从这个故事中演变而来的。《红楼梦》第四十回《史太君两宴大观园　金鸳鸯三宣牙牌令》中写道："鸳鸯也半推半就，谢了坐，便坐下，也吃了一钟酒，笑道：'酒令大如军令，不论尊卑，唯我是主。违了我的话，是要受罚的。'"鸳鸯不过是一个丫鬟，一做了酒令，任何人都不能违背她的话，可见酒令在古代饮酒礼仪中的重要性。

病酒

"病酒"是古人的一个专有名词，今天的俗语中也还在使用。"病酒"有两层意思：一层是饮酒成瘾，一层是饮酒过量而生病。把"酒"和"病"合并成一个词，真是深谙酒中三昧！

《晏子春秋·内篇谏上》中讲述了齐景公"病酒"的故事："景公饮酒，酲（chéng），三日而后发。晏子见曰：'君病酒乎？'公曰：'然。'""酲"是形容酒醉不醒的状态。齐景公喝醉后竟然连着躺了三天，三天后才能起身。

晏婴是齐国的国相，看到齐景公的样子就问他是否"病酒"，齐景公承认了，然后晏婴讲了这样一篇大道理："古之饮酒也，足以通气合好而已矣。故男不群乐以妨事，女不群乐以妨功。男女群乐者，周觞五献，过之者诛。君身服之，故外无怨治，内无乱行。今一日饮酒，而三日寝之，国治怨乎外，左右乱乎内。以刑罚自防者，劝乎为非；以赏誉自劝者，惰乎为善；上离德行，民轻赏罚，失所以为国矣。愿君节之也！"

按照规定，男人不能群聚饮乐，否则就会误事；女人不能群聚饮乐，否则就会耽误纺织、刺绣、缝纫等女工。所谓"周觞"，是指进酒一轮；所谓"五献"，献酒五次，五献之后就要停止饮酒，否则就属于违法。如果国君以身作则，就将外无怨言，内无乱行。可是如今国君您喝了一天酒，又睡了三天，天下人就会效仿您这种离德的行为，国家就会大乱。

晏婴的进谏之言，直承《尚书·酒诰》的酒德观，将饮酒和国家兴亡联系起来，因此劝说齐景公要加以节制。

最有趣的"病酒"故事当数北齐大臣皇甫亮。据《北史·皇甫亮传》记载："亮三日不上省，文宣亲诘其故，亮曰：'一日雨，一日醉，一日病酒。'文宣以其恕实，优容之，杖胫三十而已。"

皇甫亮任尚书殿中郎时，文宣帝高洋命令各部门严格考勤制度，惩治懒惰耽误公事的人，刚好查到皇甫亮有三天没有上班。监察官员向文宣帝汇报后，文宣帝非常生气，于是亲自召见皇甫亮，训诫道："你无故旷工三天，今年的全勤奖是没了！今天你要给我个理由先，否则不光要开除公职，还要你的小命！"

皇甫亮是个实诚人，如实回答道："一日雨，一日醉。"一天下大雨，一天我喝醉了，所以没来上班。

说到这里，皇甫亮停顿了一下，文宣帝紧追不舍地问道："那还有一天呢？"

皇甫亮回答道："一日病酒。"头天喝醉了，第二天整整躺了一天！

文宣帝一听，不由得哭笑不得，鉴于皇甫亮没有当面撒谎，就饶恕了他，仅仅打了他的小腿三十杖以示惩罚。

皇甫亮头天晚上喝醉，第二天还在"病酒"，这就叫"宿醉"，也叫"宿酲"。齐景公宿酲三天，大概是历史上最有名的宿酲事件了。

酒器

❁ 同食器一样,古代酒器种类之繁多,名称之怪异,同样是今人所无法想象的。

觚(gū):盛行于商代和西周的一种饮酒器,用青铜制成,口作喇叭形,细腰,高足,腹部和足部各有四条棱角,容量二升或三升。《说文解字》:"觚,乡饮酒之爵也。一曰,觞受三升者谓之觚。"在《论语·雍也》中,孔子曾经发出过一句著名的感慨:"子曰:'觚不觚,觚哉!觚哉!'"孔子说:"觚已经不像个觚了,这还是觚吗?这还是觚吗?"孔子认为周礼的一切规制都是尽善尽美的,周灭亡后,礼崩乐坏,甚至连酒器的容量都改变了,比如觚本来容纳二升,但是到了春秋末年,这个标准被改变了,而且觚的腹部和足部本来应该各有四条棱角,这时也取消了,因此才发出了这样的感慨。

觯(zhì):盛行于商代和周代的一种饮酒器,用青铜制成,分为扁体和圆体两类。《说文解字》:"乡饮酒角也。《礼》曰:'一人洗举觯。'觯受四升。""角"是饮酒器的通名。许慎所引"一人洗举觯"出自《仪礼·乡饮酒礼》和《乡射礼》,是指主人的仆从将觯洗干净之后,举觯授宾。《礼记·礼器》中规定:"尊者举觯。"可见觯为尊者所用。

觞(shāng):盛酒器。《说文解字》:"觞,觯。实曰觞,虚曰觯。"

许慎的意思是说斟满酒的称"觯",还没有斟满酒的称"觯",但其实觯和觯乃一器而殊名,同一种酒器但名字不一样而已。

古人雅集,有个例行的娱乐活动:在水边宴饮,将觯放入水中,顺水漂流,到自己面前,取而饮之,这种娱乐活动就叫"曲水流觯",王羲之的《兰亭集序》就是在一次曲水流觯的活动之后所作。曲水,取水流弯弯曲曲之意。

《孔子家语·三恕》中讲述了一个有趣的故事。子路盛装去见孔子,孔子一见大为不满,说:"由是倨倨者何也?夫江始出于岷山,其源可以滥觞,及其至于江津,不舫舟不避风则不可以涉,非唯下流水多耶?"孔子告诫子路要像大江的下流水多一样,虚心接纳意见,而不是一开始就以盛装拒人于千里之外。三国时期学者王肃解释说:"觞可以盛酒,言其微。""滥"是浮起的意思,因此"滥觞"一词的意思就是浮起酒杯。大江的源头"可以滥觞",可以浮起酒杯,则水量之小可想而知,"滥觞"因此用来比喻事物的起源和发端。古人见到水就想到"流觞",甚至于要把觞放到大江的源头去测水量,真是可爱!

觥(gōng):有个成语叫"觥筹交错","筹"是饮酒时用以记数或行令的筹子,酒杯和酒筹交互错杂,形容许多人聚在一起饮酒的热闹情景。觥是一种饮酒器,《说文解字》:"觥,兕(sì)牛角,可以饮者也。""兕"是像野牛的青兽,用它的角制成饮酒器。北宋学者陆佃在《埤雅》一书中写道:"兕善抵触,故先王之制罚爵,以兕角为之。酒,阳物也,而善发人之刚,其过则在抵触,故先王制此以为酒戒。"据此则"觥"乃是"罚爵",即专用以罚酒的酒杯。《诗经·国风·卷耳》中有"我姑酌彼兕觥,维以不永伤"的诗句,意思是:我姑且在兕觥中斟满酒,以安慰长久的悲伤。据此则兕觥不一定就是专门的"罚爵",而是因为巨大,才用来当作罚酒之杯。

斝（jiǎ）：盛行于商代和西周早期的一种温酒器，用青铜制成，圆口，三足，也可以用来饮酒。《说文解字》："斝，玉爵也。夏曰琖（zhǎn），殷曰斝，周曰爵。"夏、商、周三代，其名虽异，但其实是同一种器具，就是用玉装饰的酒爵。斝还兼用于祭祀时的灌礼。据《礼记·明堂位》载："灌尊，夏后氏以鸡夷，殷以斝，周以黄目。"灌礼指以酒灌地，求神降临；"灌尊"即举行灌礼时所用的酒器；"鸡夷"即"鸡彝"，上面刻画有鸡形图饰的酒尊；"黄目"即黄目尊，刻人目为饰的黄铜酒尊。

罍（léi）：盛行于商代晚期至战国中期的大型盛酒器，木器、瓦器或铜器，上面用云雷相间为饰。《诗经·国风·卷耳》中有"我姑酌彼金罍，维以不永怀"的诗句，意思是：我姑且在金罍中斟满酒，以安慰长久的思念。"金罍"即青铜所制的罍，据《周礼》记载："凡祭祀，社壝（wéi）用大罍。""社"是祭祀土地神的祭坛；"壝"是祭坛四周的矮墙；"大罍"指瓦罍。可见罍也用于祭祀。

卣（yǒu）：盛行于商代和西周初期的一种盛酒器，用青铜制成，椭圆口，深腹，圈足，有盖和提手。卣是所谓"中尊"，即不大不小，容量居中的盛酒器。

盉（hé）：盛行于商代和西周初期的一种调酒器，用青铜制成，圆口，深腹，三足。《说文解字》："盉，调味也。"用酒和水在其中调和，以便节制酒的浓淡。

桮：现在写作"杯"，一种小型的木制饮酒器，使用的年代最久。《礼记·玉藻》载："父没而不能读父之书，手泽存焉尔。母没而杯圈不能饮焉，口泽之气存焉尔。"孔颖达解释说："父没之后，而不忍读父之书，谓其书有父平生所持手之润泽存在焉，故不忍读也。母没之后，母之杯圈，不忍用之饮焉,谓母平生口饮润泽之气存在焉,故不忍用之。"孔颖达又说:"杯圈是妇人所用,故母言'杯圈'也。"之所以称"圈",意思是屈木所制,形体甚小,因此才为妇人所用。因为这个,"杯圈"一词用来比喻思念逝去的母亲。

　　椑榼(bēi kē):一种椭圆形的盛酒器,不能用于饮酒。其实椑和榼都是盛酒器,合在一起也是指盛酒器。南方所制的盛酒器称作"蛮榼",全称则是"小花蛮榼",也可简称为"小蛮"。白居易的诗中屡屡出现这种酒器,《晚春酒醒寻梦得》:"料合同惆怅,花残酒亦残。醉心忘老易,醒眼别春难。独出虽慵懒,相逢定喜欢。还携小蛮去,试觅老刘看。"白居易自注道:"小蛮,酒榼名也。"《夜招晦叔》:"高调秦筝一两弄,小花蛮榼二三升。"《新昌新居书事四十韵因寄元郎中张博士》:"蛮榼来方泻,蒙茶到始煎。"

　　本文将选取最具代表性的五种酒器(爵、尊、彝、角、壶),来看一下古人是怎样造出这些字的,再选取"滑稽""雅量"和"不倒翁"这三种由酒器生发出来的汉语词汇,看看古人是怎样斟酒和饮酒的。

图77　　　　　图78　　　　　图79

爵

《说文解字》："爵，礼器也。象爵之形，中有鬯酒。又，持之也。"

我们来看看"爵"的甲骨文字形之一（图77），果然如同许慎所说的那样是个象形字，中间是盛酒或温酒的器腹，器腹里面的三角表示盛的酒，器腹的右边开口叫"流"，便于吸饮，器腹左侧的突出部分叫"鋬（pàn）"，方便用手提拿。爵的上面一定要有两柱，这是礼制所规定的，因此甲骨文字形上面的那个箭头就用来表示两柱，两柱的形制通常为帽形柱。甲骨文字形之二（图78），大同小异，器腹里面的圆圈表示盛的酒，流的位置改到了左侧。

"爵"的金文字形之一（图79），上面的两柱稍有变形，器腹里面也没有了酒。金文字形之二（图80），活脱脱就是爵的画像，只不过在右侧添加了一只手，表示以手持爵，也就是许慎所说的"又，持之也"，"又"即右手的象形字。金文字形之三（图81），变得复杂起来，

酒器

图80　　　　　图81　　　　　图82

除了右边的手之外，左边依次为：上为帽形柱，中为器腹和流的变形，下面添加了一个"鬯"字，鬯酒就是我们上面讲过的用黑黍和郁金草酿成的一种香酒。小篆字形（图82），直接从金文字形演变而来。

古人为什么把爵制成这种形状呢？《说文解字》解释说："所以饮器象爵者，取其鸣节节足足也。""节节足足"是鸟雀鸣叫的声音，古人认为这种鸣叫的声音是一种劝诫，"节"是节制，"足"是知足，所以许慎说爵制成雀的形状，是对饮酒之人的一种劝诫。北宋学者陆佃在《埤雅》一书中认为雀性淫泆（yì），而"酒善使人淫泆，故一升曰爵，爵所以戒也"；接着又说："亦取其鸣节足，所以戒荒淫之饮。"明代字书《字汇》中也说："取其能飞而不溺于酒，以示儆焉。"都是劝诫饮酒之人不要贪杯的意思。

张舜徽先生在《说文解字约注》一书中认同许慎的观点，他写道："爵当以鸟名为本义……古称凤为神鸟，亦曰神爵，爵者，大鸟之通名。礼器之爵，实取象焉。《论衡·讲瑞篇》引《礼记·瑞命篇》云：'雄曰凤，雌曰凰。雄鸣曰即即，雌鸣曰足足。'然则许所云'取其鸣节节足足'者，亦实指凤凰无疑。凤为大鸟，故又名爵也。"

在这个意义上，"爵"和"雀"实为通假字，阅读古籍的时候，如果遇到包含有"爵"的句子，按照"爵"的意思读不通的时候，可以试着用"雀"来读，比如《孟子》中有"为丛驱爵"的话，这个"爵"当作爵位、爵禄就讲不通，而当作"雀"就可以讲通了，即为丛林驱赶来鸟雀。还有"爵室"一词，《释名·释船》："在上曰爵室，于中候望之，如鸟雀之警示也。"还有"爵弁"，这种帽子是用赤黑色的布做的，像雀头部的颜色，故称"爵弁"。

不过，也有学者有不同意见，白川静先生在《常用字解》一书中写道："有学者称'爵'字上部呈雀形，但观察古字可知，'爵'不过是酒具爵的象形字。恩赐时常用爵。赐封'公''侯'等名分时，用爵盛酒赐赏被封者，因此，公、侯、伯、子、男称'爵'，其地位或身份称'爵位'。其中公爵地位最高。"

商代的爵位只有三等，周代的爵位共有公、侯、伯、子、男五等，正如《礼记·王制》所载："王者之制禄爵，公、侯、伯、子、男，凡五等。"后世因此把官职统称为官爵。商鞅辅佐秦孝公变法时，为了奖励军功，设置了二十等爵制，即根据军功的大小授予爵位，官吏从有军功爵的人中选用。南朝史学家裴骃在为《史记》所作的集解中引述《汉书》的记载："商君为法于秦，战斩一首赐爵一级，欲为官者五千石。"意思是战争中斩一个敌人的头颅授予一级爵位，做官的话可做五十石之官；斩两个敌人的头颅授予二级爵位，做官的话可做百石之官，以此类推。一首一级，后来干脆简称"首级"。这就是"首级"一词的来源。首级制度直到北宋方才废除。

爵是最早出现的青铜酒器和礼器，盛行于商代和西周初期，尤以商代为最多。到了西周时期，地位较高的人才能使用爵，即《礼记·礼器》中的规定："宗庙之祭，贵者献以爵。"

图83　　　　　　　图84　　　　　　　图85

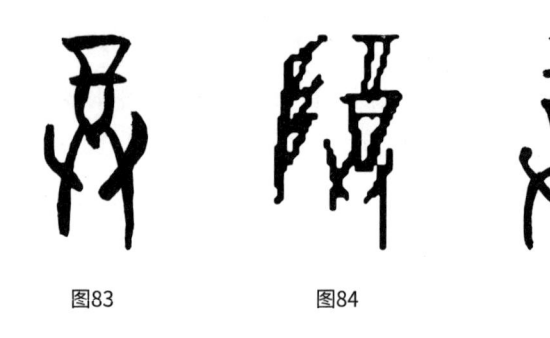

尊

"尊"是大型或中型的盛酒器，流行的时间很长。

我们来看看"尊"的甲骨文字形之一（图83），很明显是一个象形字，下面是两只手，上面是一个酒坛，双手捧着酒坛。甲骨文字形之二（图84），左边添加了一个表示升高的符号，奉献登进之意。白川静先生在《常用字解》一书中则认为这个符号乃是"神灵升降专用的神梯"，因此"尊"的本义就是敬献给神灵的祭酒。

"尊"的金文字形之一（图85），上面的"八"形符号，白川静先生认为"示意酒气挥发"，这个观点非常有趣。金文字形之二（图86），表示升高的符号移到了右侧。小篆字形有两种写法，第一种（图87）表示用右手举起酒器，第二种（图88）表示用双手举起酒器，表示升高的符号从此废弃不用。

《说文解字》："尊，酒器也。从酋，廾以奉之。""廾"即"拱"，这是表示用双手捧起酒器。据《周礼》记载，周代有"小宗伯"一职，

图86　　　　　　　图87　　　　　　　图88

  职责之一是"辨六尊之名物，以待祭祀、宾客"。所谓"六尊"，指六种盛酒器，分别是：牺尊、象尊、著尊、壶尊、大尊、山尊。

  牺尊是牛形的盛酒器，背上凿孔注酒，另一说是在尊的腹部刻画牛形；象尊是象形或凤凰形的盛酒器，另一说是用象牙或象骨装饰；著尊是殷商时期的尊，"著地无足"即立在地上，没有尊足；壶尊是以壶为尊；大尊是用瓦制成的，太古的瓦尊；山尊是刻画山和云形的酒器。这六尊用来祭祀和接待宾客。

  作为盛酒器，尊的形状是敞口、高颈、圈足。尊上常常饰以动物或山云的形象，如同六尊那样。为《说文解字》作注的清代学者段玉裁说："凡酒必实于尊以待酌者……凡酌酒者必资于尊，故引申以为尊卑字；犹贵贱本谓货物，而引申之也。自专用为尊卑字，而别制罇、樽为酒尊字矣。"向人敬酒是一种尊重的表示，因此"尊"字引申为尊重、尊敬之意，而"酒器"的本义被新造的"罇""樽"等字所替代。

  《礼记·表记》中写道："使民有父之尊，有母之亲。如此而后可以为民父母矣。"《广韵》："尊，重也，贵也，君父之称也。"古人很早就把"尊"字用到君、父身上了，因此"尊"成为对君、父和其他长辈的敬称，比如"至尊"用来称皇帝，"尊姓大名"用来恭敬地询问对方的名字。

酒器

孟子曾经在《公孙丑下》中写道:"天下有达尊三:爵一,齿一,德一。朝廷莫如爵,乡党莫如齿,辅世长民莫如德。"意思是:天下有三种最尊贵的东西:爵位一个,年纪一个,德行一个。朝廷上最尊贵的是爵位,乡党中最尊贵的是年纪,辅助国君治理百姓最尊贵的是德行。

至于我们今天常用的"尊严"一词,荀子在《致士》中写道:"师术有四,而博习不与焉:尊严而惮,可以为师;耆艾而信,可以为师;诵说而不陵不犯,可以为师;知微而论,可以为师。"按照荀子的说法,有四类人可以当老师:有尊严而使人害怕的,可以当老师;年老而有威信的,可以当老师;诵读解说经典而在行动上不超越、不违反它的,可以当老师;懂得精微的道理而又能加以阐述的,可以当老师。唯独"博习"即博学的人不能当老师。博学的人就是今天说的"知道分子",世上所有的知识都知道一点,但是所有的知识都不精通,这样的人的确不能当老师。

"尊严"一词在今天的意思是指不容侵犯的身份或地位,比如说人的尊严,国家的尊严,都是不可侵犯的。追根溯源,尊严为什么神圣不可侵犯呢?原来,"尊"的最常见用法是对别人或者自己父母亲的敬称,比如"尊大人"和"尊堂"都是敬称别人的父母,"令尊"是敬称对方的父亲,"家尊"既可用于敬称对方的父亲,又可用于敬称自己的父亲。"严"则是对自己父亲的尊称,比如"家严"是对自己父亲的敬称。《周易》中说:"家人有严君焉,父母之谓也。""严君"本来是对父母亲的统称,不过因为民间有严父慈母的说法,因此"严"才专称父亲,母亲则称作"家慈"。

"尊"之所以能够引申出这样的含义,都是从双手捧着酒器,将酒敬献给神灵或者尊长而来。

图89　　　　　　　图90

彝

今天最常使用的"彝"这个字的义项是彝族。其实彝族称谓中的"彝"只是音译，借用了这个字来代表而已。但是在古代，"彝"这个字可是跟人们的关系非常密切，而且在日常生活中出现的频率极高。

有必要再重复一遍《尚书·酒诰》中的规定："祀兹酒。"只有祭祀的时候才可以饮酒。因此，彝同所有的酒器一样，既是酒器，同时也用作祭祀的礼器。

我们来看看"彝"的甲骨文字形（图89），这是一个会意字，由四个部分组成：上面是一只鸡的象形，下面是两只手，左边是表示升高的符号，会意为双手捧着鸡进献。

"彝"的金文字形之一（图90），鸡的样子更加栩栩如生，而且省略了表示升高的符号。金文字形之二（图91），这只站立的鸡好像有点儿肥，鸡的中部很明显可以看出有一根绳子，用它拴着翅膀。至于鸡

图91 　　　　　　　图92 　　　　　　　图93

嘴部的两点，鸡作为祭祀的祭牲要煮熟才能进献，有人说这两点表示香气溢出，我认为应该是溅出的汤滴，添加这两点汤滴，更能表现出祭祀的虔诚。金文字形之三（图92），左上部的鸡变形严重，好像"豕"形，以至于有人误以为由献鸡变成了献豕（猪）。鸡的右边还是用来拴的绳子，鸡的嘴部还是溅出的汤滴。

"彝"的小篆字形（图93），讹变得非常厉害，最上面是鸡头的变形，中间是汤滴讹变成的"米"，拴鸡翅膀的绳子定型为"系"。楷体字形下面的双手也发生了变异，写成了"廾"。

《说文解字》："彝，宗庙常器也。从糸，糸，綦（qí）也。廾持米，器中实也……此与爵相似。"这几句话需要详加辨析。

先说"此与爵相似"。张舜徽先生在《说文解字约注》一书中解释说："盖古初为彝，实象鸡形，犹爵取象于雀也。饮器象雀，取其鸣节节足足；然则礼器象鸡，固有取于守时而动，不失常道耳。二器皆有所取义，故许云'此与爵相似'也。"这段话的意思是："彝"造字像鸡的形状，就如同"爵"造字像雀的形状一样。鸡的最大特点是报时，即所谓"守时而动"，这是鸡的"常道"，因此"彝"的本义是双手捧着鸡进献给神灵和祖先，引申而为"宗庙常器"，祭祀宗庙时常备的礼器。宗庙里的祭器是不能更动的，故称"常器"。

徐中舒先生在《甲骨文字典》中则如此解说："象双手捧鸟形。古者宗庙祭祀每以鸟为牲，甲骨文彝字正象以鸟献祭之形。后更取鸟形以为宗庙器，故名其器曰彝。彝既为献祭时常用之器，后世乃以彝为宗庙器之共名，进而以为一切贵重器之大共名。"除了鸟形应为鸡形之外，这一解释最为贴切。

再说"廾持米，器中实也"。许慎没有见过甲骨文，只能根据小篆字形来释义，因此将"彝"这个字中的"米"视为"器中实"，即装在彝器中的祭品。段玉裁则根据这一释义，认为"酒者米之所成，故从米"。其实都是错误的。徐中舒先生说得很准确："《说文》篆文从米乃小点之伪。"也就是说，甲骨文和金文字形中鸡嘴部的两个小点，被许慎误认作"米"。

最后说"从糸，糸，綦也"。"綦"是苍灰色，无法与"糸"的词义相通。段玉裁认为"綦"乃"幂"字之误，"幂"指盖东西所用的巾。据《周礼》记载，周代有"幂人"一职，职责是"掌共巾幂。祭祀以疏布巾幂八尊，以画布巾幂六彝"，"疏布"即粗布，"画布"即细布。幂人的职责是：在举行祭礼的时候，用粗布和巾覆盖住八座酒尊，用细布和巾覆盖住六座彝器。段玉裁就此认为许慎的这句话应该写作："从糸，糸，幂也。"他进而解释说："彝尊必以布覆之，故从糸也。"但这样的解释也是错误的，从甲骨文和金文字形即可看出，这个"糸"是指系住鸡翅膀的绳子。

"彝"由"宗庙常器"又可以引申出常规、法度之意，《诗经·大雅·烝民》："民之秉彝，好是懿德。"郑玄解释道："民所执持有常道，

酒器

莫不好有美德之人。"苏轼有诗："谁知此植物，亦解秉天彝。""天彝"即天理、天常，苏轼吟咏松柏身上也能够呈现出自然的常理。

据《周礼》记载，周代有"司尊彝"一职，职责是"掌六尊、六彝之位"。"六尊"已如前述，所谓"六彝"，也是六种盛酒器，分别是：鸡彝、鸟彝、斝彝、黄彝、虎彝、蜼（wěi）彝。

鸡彝指刻画有鸡形图饰的酒器；鸟彝指刻画有凤凰形图饰的酒器。鸡彝和鸟彝正是"彝"的字形的来源。张舜徽先生在《说文解字约注》一书中正确地辨析道："《周礼》六彝，以鸡彝居首，盖亦取其最早者言之，其他名品，殆皆后出。"

斝彝指刻画有禾稼形图饰的酒器；黄彝又叫黄目尊，以黄铜制成，刻画有人目形的图饰；虎彝指刻画有老虎形图饰的酒器；蜼是一种黄黑色、体型较大的长尾猴，蜼彝刻画有这种猴形的图饰。

据《周礼》记载，周代有"小宗伯"一职，职责之一是"辨六彝之名物，以待果将"。"果"通"裸"，裸可不是裸体的"裸"，而是读作 guàn，以酒灌地以请神叫作"裸"；"将"是送的意思。"果将"或"裸将"指帮助国君酌酒，以祭奠祖先或者饮诸侯。

今天人们的日常生活中早就没有了祭祀之礼，即使祭祖也一切从简，六彝之器彻底退出历史舞台，成为只活跃于古籍中的传说了。

图94　　　　　图95　　　　　图96　　　　　图97

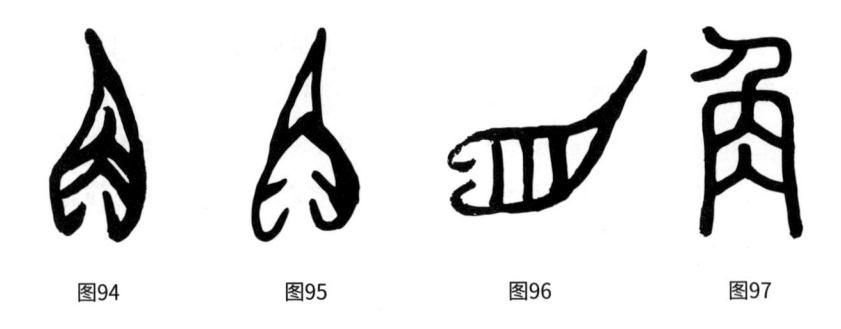

角

首先需要辨析的是："角"字今天有两个读音，一读 jiǎo，一读 jué。但最早的读音是 lù，其后读 jué，jiǎo 是最晚分离出来的读音。

"角"是一个不折不扣的象形字，我们来看看"角"的甲骨文字形之一（图94），清清楚楚是一只兽角的样子。甲骨文字形之二（图95），大同小异。"角"的金文字形（图96），将兽角放倒，同时也变得更美观了。小篆字形（图97），直接从甲骨文和金文延续而来，而且很明显，下面从"肉"，而不是现在使用的下面从"用"的字形。

《说文解字》："角，兽角也。象形。"其实从甲骨文和金文的字形来看，最初的"角"更像牛角，这是因为牛是中国古人最早驯化的六种动物之一，后来扩大到羊角、鹿角和犀角，再后来才泛指一切动物的角，并进一步引申为一切角状的东西也称"角"。

其中鹿角和犀角有许多有趣的说法。据《礼记·月令》记载，古人分类很细，麋鹿虽然是一种，但古人认为鹿是属阳的兽，夏至日阳气至极，而阴气开始萌生，故此鹿角感阴气而退落，这叫"鹿角解"；而麋是属阴的兽，冬至日虽然阴气盛极，但阳气萌动，麋感受到阳气而角退落，这叫"麋角解"。至于犀角，晋代学者郭璞在为《尔雅·释兽》所作的注中称犀牛形似水牛，有三只角，一只在顶上，一只在额上，一只在鼻子上，鼻子上的角叫作"食角"，因为离嘴最近。

兽角至为坚硬，古人因此用来制作弓，坚硬的弓于是就称为"角弓"。《诗经·小雅》中有一首诗，即名为《角弓》，前两句是："骍（xīng）骍角弓，翩其反矣。""骍骍"指弓调和后呈弯曲状；"翩其反矣"是指弓张开的时候向内弯曲，松弛的时候向外弯曲。用角弓的这种状态来比喻兄弟和亲戚之间不要互相疏远。

古人还用"角"来命名男孩子的发型。据《礼记·内则》载："三月之末，择日剪发为鬌（duǒ），男角女羁，否则男左女右。""鬌"指留着不剪的胎发。小儿出生三个月，要挑选吉日剪发。男孩子要留下脑门两旁的胎发，称"角"，这是因为脑门两旁的胎发长长后要束发为髻，状如牛角，因此，从小一块儿长大的儿童称作"总角之交"，"总"是聚束、系扎的意思；女孩子要留下顶中发，称"羁"，这是因为顶中发长长后也要束发为髻，但分为一纵一横的十字形，不像男孩子两角相对之状，而是一前一后，就像马络头一样，"羁"就是马笼头或马络头。或者男孩子留下左边的胎发，女孩子留下右边的胎发。

今天把这个意义上的"角"读作jiǎo，而把盛酒器的"角"读作jué。盛酒器的角盛行于商周之际，由盛酒器发展为饮酒器。角也是用青铜制成，形状像爵，但是没有爵上面的小柱和倾注酒的流，两尾对称叫"翼"，有盖，用以温酒和盛酒。《礼记·礼器》中规定："宗庙之祭……卑者举角。"地位较低的人使用角来饮酒。

图98　　　　　图99

壶

壶是流行时间最长的盛酒器，甚至直到今天还在使用。除了盛酒之外，也可以汲水、注水和盛水，用途极为广泛。

壶的基本形制是什么样的？我们从"壶"的字形中就可以看出来，也就是说，"壶"是一个地地道道的象形字。"壶"的甲骨文字形之一（图98），活脱脱就是一只壶的形状，壶盖、壶腹、壶足都画得清清楚楚，中间的圆环形则是环绕壶身的花纹。甲骨文字形之二（图99），壶盖的形状略有变化。"壶"的金文字形（图100），多么美丽的一只壶！小篆字形（图101），没有任何变化。

从甲骨文和金文字形来看，壶的形制当为束颈、鼓腹、敛口、有盖、有耳、圈足的圆形器具。繁体字形"壺"，壶盖和壶口处加以讹变，下面壶腹的形状还能看得出来。简体字下面讹变成了"业"，壶腹的形状完全消失了。

酒器

图100　　　　　　图101

《说文解字》："壶，昆吾，圜器也。"过去的学者们多认为昆吾氏是夏、商之间的一支部落，擅长制陶和冶金，包括壶在内的很多器具都是昆吾氏所创制的。但张舜徽先生在《说文解字约注》一书中则认为"昆吾"是"壶"字的缓读："盖急言曰壶，缓言则曰昆吾耳。昔人多以昆吾为人名，或谓为夏桀之臣，或谓为商纣之臣，皆非也。壶之形制，乃原于瓠（hù）。太古唯知以瓠之干者盛饮食，故即谓瓠为壶。"

所谓"瓠"即瓠瓜，也就是今天说的葫芦。《诗经·国风·七月》中有"七月食瓜，八月断壶"的诗句，意思是：七月可以吃瓜，八月可以采摘葫芦。因此，张舜徽先生又说："凡陶器、铜器之壶，皆依仿瓠之形状以制作也。"此说至为精当。

壶有方壶、圜壶之别，圜壶即圆壶。宴饮的时候，卿、大夫、士这几个阶层要使用方壶，取其公正端方之意；没有正式俸禄的士要使用圜壶，取其驯顺听命之意。

有趣的是，很多人都知道海中有三座神山，名为方丈、蓬莱、瀛洲，但是鲜为人知的是，这三座神山全都状如壶形，因此又称方壶、蓬壶、瀛壶，合称"三壶"。蓬、莱都是草名，可见此神山草木之茂盛。瀛是海,瀛洲即海中的神山。方丈之名最为有趣,大致有两种说法:一种说法是人心方寸,天心方丈,故称"方丈";另外一种说法是"方"者,道也,"丈"者,长也,对长辈的尊称,"方丈"意即道长。这是道教的称谓,佛教传入中国后,借用了这一称谓,可是今天的人们只知道佛教"方丈",而不知道道教的"方丈"了。

《诗经·大雅·韩奕》中有"清酒百壶"的诗句,可见壶确为盛酒器。既为盛酒器,则宴饮之时,古人就顺手把壶拿过来当作游戏用具,这种游戏就是著名的投壶之戏。

在古人看来,投壶是各种游戏中最古雅的一种,《礼记》甚至为投壶这种游戏专门列了一章,来讲述投壶的各种礼仪。简而言之,投壶是饮宴时的娱乐活动,宾主依次用没有箭头的箭矢投向盛酒的壶口,以投中多少决胜负,胜者罚负者饮酒。投壶是源自于射礼的一种游戏。明代学者谢肇淛就在《五杂俎》一书中评论道:"投壶视诸戏最为古雅……今之投壶名最多,有春睡、听琴、倒插、卷帘、雁衔、芦翻、蝴蝶等项,不下三十余种。惟习之至熟,自可心手相应。大率急则反,缓则斜,过急则倒,过缓则睡。"这属于明代的发明创造,比古时繁复多了。

《左传·昭公十二年》讲述了一则有趣的投壶故事:"晋侯以齐侯宴,中行穆子相。投壶,晋侯先。穆子曰:'有酒如淮,有肉如坻。寡君中此,为诸侯师。'中之。齐侯举矢,曰:'有酒如渑,有肉如陵。寡人中此,与君代兴。'亦中之。"

晋昭公和齐景公饮宴,中行穆子相礼。投壶的时候,晋昭公先投,中行穆子说:"有酒如淮水,有肉如高丘,我国君要是投中,就能统帅诸侯。"晋昭公果然投中。齐景公拿起箭矢,说道:"有酒如渑水,有肉如山陵。我要是投中，代君而兴盛。"也投中了。

"伯瑕谓穆子曰：'子失辞。吾固师诸侯矣，壶何为焉，其以中俊也？齐君弱吾君，归弗来矣。'穆子曰：'吾军帅强御，卒乘竞劝，今犹古也，齐将何事？'公孙傁趋进曰：'日旰（gàn）君勤，可以出矣。'以齐侯出。"

晋国另一位大臣伯瑕对中行穆子说："您刚才说的话不恰当。我们本来就已经统帅诸侯了，壶有什么用，投中有什么可稀罕的？如此一来齐君一定认为我国国君软弱，回去后就不会再来了。"中行穆子反驳道："我军统帅有力，士卒争先，今天就像从前一样强大，齐国能做什么呢！"听到两位晋国大臣的争论，齐国大夫公孙傁快步走进，说："天晚了，国君也累了，可以出去了。""旰"即天晚之意。公孙傁是担心晋国对齐景公不利，所以赶紧让自己的国君出去。

这则有趣的投壶故事可视作晋、齐争霸的外交试探，也可见投壶乃是古人饮宴时最常玩耍的游戏。

滑稽

如果我要再跟读者朋友们解释什么叫"滑稽",相信一定会被骂作神经病。不过,鲜为人知的是,今天形容言语、动作令人发笑的"滑稽"一词,在古代可完全不是这个意思,而是指一种盛酒器。

战国时期,屈原所作(也有学者说是怀念屈原的楚人所作)的《楚辞·卜居》中就已经使用了"滑稽"一词,屈原如此控诉这个黑暗的世道:"将突梯滑稽,如脂如韦,以洁楹乎?""突梯"是形容圆滑的样子,"滑稽"是形容圆滑随俗的样子;"脂"指动植物的油脂,"韦"指动物的软皮,油脂和软皮可想而知也都非常圆滑;"楹"是厅堂前部的柱子。"洁楹"有两说,一说"楹"为圆柱,要用"脂""韦"来打磨清洁,一说"洁"通"絜(xié)",用绳子来度量粗细,"洁楹"即意为用绳子将屋柱围起来,度量粗细,引申而为善于揣度权贵者之所好。

因此,屈原这句诗就是指责贵族大臣们就像油滑的"脂""韦"一样,对国君婉转顺从,阿谀奉承,而自己绝不能也像他们一样。

司马迁所著《史记》中有《滑稽列传》一篇,专门记载诙谐之人,唐代学者司马贞索隐解释说:"滑,乱也;稽,同也。言辨捷之人言非若是，说是若非，言能乱异同也。"

"滑稽"为什么会具备这样的含义呢？屈原和司马迁都没有给出解释。西汉学者扬雄写有一篇《酒箴》，收录于《汉书·游侠传》，其中有"鸱夷滑稽，腹如大壶，尽日盛酒，人复借酤"的句子，"鸱夷"和"滑稽"都是盛酒器，不过"鸱夷"是皮革所做的皮袋子，用以盛酒。这几句话是说人们常常从这两种盛酒器中取酒饮用。

司马贞在为《史记·滑稽列传》所作的索隐中，同时引用了北魏学者崔浩的解释："崔浩云：滑音骨。滑稽，流酒器也，转注吐酒，终日不已。言出口成章，词不穷竭，若滑稽之吐酒。故扬雄酒赋云'鸱夷滑稽，腹大如壶，尽日盛酒，人复借沽'是也。"北宋大型类书《太平御览》卷七百六十一引述的崔浩的话稍有不同："崔浩《汉记音义》曰：滑稽，酒器也。转注吐酒，终日不已，若今之阳燧尊。"

原来，滑稽这种酒器是一种流酒器，里面装有虹吸管，利用虹吸现象将酒倒出，虹吸管通称"过山龙"。清人文康所著《儿女英雄传》第三十回《开菊宴双美激新郎 聆兰言一心攻旧业》中写道："这滑稽是件东西，就是挈酒的那个酒挈子，俗名叫作'过山龙'，又叫'倒流儿'。因这件东西从那头把酒挈出来，绕个弯儿注到这头儿去，如同人的滑串流口，虽是无稽之谈，可以从他口里绕着弯儿说到人心里去，所以叫作'滑稽'，又有个'乘滑稽留'的意思。"

中国古代早就发明了虹吸管，称作"渴乌"。在为《周礼》所作的注中，东汉学者郑玄写道："益之者，以饮诸臣，若今常满尊也。""常满尊"中之所以酒常满，就是因为里面装了类似渴乌的虹吸管。唐代大型类书《艺文类聚》引东晋诗人孙绰的《樽铭》："晋孙绰樽铭曰……详观兹器，妙巧奇绝，酌焉则注，受满则侧，吐写适会，未见其竭。"这件酒器就是《太平御览》所称的"阳燧尊"。"阳燧"是利用日光取火的凹面铜镜,"阳燧尊"则为模仿阳燧的形状而制,腹部向内凹,故有此称。

综上所述,滑稽这种盛酒器又称"常满尊""阳燧尊",后世则称"酒过龙""倒流儿""酒注子""执壶""公道杯"等。而且正如崔浩所言:"滑音骨。"作为盛酒器的滑稽之"滑"读作 gǔ,而不能读作 huá。

那么,"滑稽"又为什么用作盛酒器之名呢?"滑"的本义是"通利往来",因此可以"调和四味",正符合酒器中虹吸管的工作原理;"稽"的本义是停留、贮滞,用以形容酒器中酒常满的状态。《儿女英雄传》的上述引文中"乘滑稽留"是最好的描述。正是因为滑稽的这种特性,崔浩才把诙谐之人形容为"出口成章,词不穷竭,若滑稽之吐酒"。

不知道是哪位天才用"滑稽"这两个字为带有虹吸管的盛酒器命名,真该向他致敬!

雅量

宏大宽容的气度称作"雅量",《世说新语》中有"雅量"这一篇目,就是记述当时人的这种气度。最能说明这种气度的是嵇康:"嵇中散临刑东市,神气不变,索琴弹之,奏《广陵散》。曲终,曰:'袁孝尼尝请学此散,吾靳固不与,《广陵散》于今绝矣!'"

嵇康被判处死刑,行刑的地点是在首都洛阳的东市。临刑前,嵇康抬头目测了一下日影,估计离午时三刻还有一会儿工夫,于是气定神闲地要来琴,为围观的看客们弹奏了一曲,即著名的《广陵散》。一曲弹完,嵇康废琴而叹:"过去袁孝尼请求我传授《广陵散》,我谨守誓言,没有传给他,可惜于今绝矣!"然后从容就死。这就叫"雅量"。

"雅"的本义是一种鸟类。《说文解字》:"雅,楚乌也。一名鸒(yù),一名卑居。秦谓之雅。"段玉裁对此辨析道:"楚乌,乌属,其名楚乌,非荆楚之楚也。"这种鸟儿还有两个别名,一名鸒,一名卑居。清代学者朱骏声则进一步解释说:"大而纯黑反哺者,乌;小而不纯黑不反哺者,雅。""反哺"指小乌鸦长大后,衔食喂养其母。古人分类很细:躯体较大,纯黑色,又能够反哺母乌的,叫"乌";躯体较小，不是纯黑色，而是腹下为白色，又不反哺母乌的，叫"雅"。

白川静先生则在《常用字解》一书中写道："'雅'为'乌'（乌鸦）的一种。乌鸦被看作是恶鸟。为了防止乌鸦给农作物带来的危害，曾将绳索拉在田垄上，把杀死的乌鸦的羽毛吊在绳索上。'乌'形示死去的乌鸦悬吊之姿。'牙'乃是乌鸦鸣叫之拟声，加上指代鸟类的'隹'，构成'雅'。'鹤''鸠''雉'等鸟名之字与此同理。这几个字都有偏旁'隹'或'鸟'，左半均为鸟鸣之拟声。"

雅既为鸟类，于是古人顺理成章地就把酒器制成雅的样子，就像爵是模仿雀的形状一样。魏文帝曹丕所著《典论》中说："刘表子弟有三雅之爵。"《太平御览》卷八百四十五引《典论》佚文："刘表有酒爵三：大曰伯雅，次曰仲雅，小曰季雅。伯雅容七升，仲雅六升，季雅五升。"卷四百九十七引《史典论》曰："荆州牧刘表跨有南土，子弟娇贵，并好酒。为三爵：大曰伯雅，次曰仲雅，小曰季雅。伯受七升，仲受六升，季受五升。"

伯、仲、叔、季是古人对兄弟从大到小的排行次序，刘表及其子弟将酒器按照容量大小依次分为伯雅、仲雅、季雅三种，此之谓"三雅"。据北宋教育家温革所著《隐窟杂志》载："阆州有三雅池，古有修此池者，得三铜器，状如酒杯，各有三篆，曰'伯雅''仲雅''季雅'。或谓刘表一子好酒，常制三爵，大受一斗，次受七升，小受五升。赵德麟云：'恐是盛酒器，非饮器也。'"可见宋代时今四川阆中尚有"三雅池"的名胜。

记载东汉历史的纪传体断代史史书《东观汉记》一书早已亡佚，《太平御览》卷四百二十七有一则引文，记载了东汉大臣吴良的事迹。吴良是齐国临淄人，任郡吏，这一年正月初一，众官员去向太守庆贺新年,有一位叫王望的官员大拍太守的马屁:"齐郡败乱,遭离盗贼,人民饥饿,不闻鸡鸣狗吠之音。明府视事五年,土地开辟,盗贼灭息,五谷丰熟,家给人足。今日岁首,诚上雅寿。"

"明府"是对太守的尊称。这一番话说完,众官员"皆称万岁"。需要说明的是,在宋代之前,"万岁"并不是皇帝的专用称谓,而是祝颂之词,祝福别人千秋万代,永远存在,上下皆可通用。

吴良一听大怒,指出"盗贼未弭,人民困乏,不能家给人足"的现实,要求太守"无受其觞"。太守听从了吴良的进谏,"遂不举觞"。

王望口称的"雅寿"一词,是指举起叫雅的酒杯祝寿;太守"不举觞",也证明雅就是一种酒器。清代学者袁枚所著《随园随笔》中有一则《雅量之讹》,就对此进行了辨析:"《汉志》'请上雅寿'注:'雅,酒閜(xiǎ)也。'即刘表酒器'三雅'之雅,盖群臣上雅爵以介寿耳,非云酒量大也,今称人善饮为雅量,误矣。"大杯称"閜",可见雅的容量确实很大。

与袁枚同时期的学者翟灏在所著《通俗编》中写道:"世称雅量,谓能饮此器中酒,不及醉也。"可见清代时人们已经把善饮、酒量大称作"雅量"了。袁枚虽然纠正说"今称人善饮为雅量,误矣",但早已约定俗成。由酒量大引申而为气度宽宏,乃属顺理成章之事。

不倒翁

作为玩具，最常见的不倒翁的样子是一位翘着胡须、笑哈哈的老翁，翻来覆去，上下摇晃而不倒，逗孩子们开心。如今市面上有各式各样的不倒翁，但既为不倒翁，那么"翁"一定指老翁，只要不是老翁形象的不倒翁，都失去了"翁"的原意。

这位摇来晃去的不倒翁到底是怎么造出来的呢？鲜为人知的是，不倒翁的最初功用，竟然是劝人喝酒的用具。

清代学者赵翼所著《陔余丛考》卷三十三有"不倒翁"一条，详细考证了不倒翁的由来："儿童嬉戏有不倒翁，糊纸作醉汉状，虚其中而实其底，虽按捺旋转不倒也……考之《摭言》，则唐人已有此物，名酒胡子，乃劝酒具也。卢汪连举不第，赋《酒胡子》长篇以寓意，序曰：'巡觞之胡，听人旋转，所向者举杯，颇有意趣。然倾倒不定，缓急由人，不在酒胡也。乃为之作歌。'按此则其形制与今所谓不倒翁者正相似，特其名不同耳。"

"酒胡子"的称谓出自五代学者王定保所著《唐摭言》一书，书中载有卢汪《赋酒胡子长歌》一诗。在这首诗的序中，卢汪称"酒胡子"

这种劝酒具的模样乃是"巡觞之胡",即根据胡人的相貌所制,拿胡人的相貌来取乐。

北宋窦苹在《酒谱》一书中记载:"今之世酒令其类尤多,有捕醉仙者,为禺人,转之以指席者。""禺人"即"偶人","捕醉仙"乃是木偶。两宋间学者张邦基所著《墨庄漫录》卷八载:"饮席刻木为人,而锐其下,置之盘中,左右敧侧,僛(qī)僛然如舞状,久之力尽乃倒,视其传筹所至,酬之以杯,谓之'劝酒胡'……或有不作传筹,但倒而指者当饮。""僛僛"是形容醉舞歪斜之貌。"劝酒胡"的称谓显然是传承"酒胡子"而来。

明代才子徐文长有一首题为《不倒翁》的诗:"乌纱白扇俨然官,不倒原来泥半团。将汝忽然来打碎,通身何处有心肝。"由此可知,明代时人们将不倒翁做成戴乌纱帽的官员模样,已经迥异于"酒胡子"的胡人相貌了,不倒翁也因此开始形容那些八面玲珑、善于保持权位的官场之人,俗称"扳不倒"。"不倒翁"遂从玩具的称谓变成了一个极具讽刺意义的贬义词。

饮料

◆ 今天的饮料种类之丰富，是古时所望尘莫及的。但古今饮料有一个重大的区别：今天的饮料主要用来解渴，而古代的饮料主要用来养生。

本文先从"饮"字入手，看看古人是怎么造出这个字的，然后讲解周天子的"六饮"，最后讲解藏冰、用冰之法。

图102 　　　　　图103 　　　　　图104

饮

"饮"不仅是一个演变极其复杂的汉字,同时也是一个非常有趣的汉字,从中既可看出古人的造字智慧,又能看出古人的幽默感。

"饮"的繁体字"飲",左边是"食",但"饮"字最初写作"歙",不从"食"。在漫长的字形演变过程中,方才将左边改成了"食",食是带盖的食器,里面装的并非饮品,但因书写简便,因此用来会意为饮用。

我们来看"饮"字的初文"歙",甲骨文字形之一(图102),这是一个会意字,而且会意的过程十分复杂:左下角是一个酒坛子,右边是一个俯身的人,手掌还伸出去搂着酒坛子,酒坛子上面是这个人伸出的长长的舌头。整个字形会意为从坛中饮酒。甲骨文字形之二(图103),在舌头的上方,多了一张张大的嘴巴,而且整个人都快趴到酒坛子上去了。

"歙"的金文字形之一(图104),加以简化,人俯在酒坛子上饮

图105 　　　　　　图106 　　　　　　图107

酒，其余部分都省略了。金文字形之二（图105），左边的酒坛子上添加了一只盖子，右边是张大口的人，口中的一横代表舌头。金文字形之三（图106），右边的人形变得更加复杂，俯下身子，张大了嘴巴。写出这个字的古人，大概是要表达迫切想喝到酒的心情吧！小篆字形（图107），左边还是带盖的酒坛子，但是右边的人形看得不太分明了。

《说文解字》："歓，歠也。""歠"和"歓"同义，都是喝的意思。从字形演变来看，"饮"的本义应该是饮酒，引申为只要可以喝的东西都叫"饮"。

不管是饮水还是饮酒，都有一个把水或酒含在口中的过程，因此"饮"又可以引申为含、忍之意，比如江淹《恨赋》中有"自古皆有死，莫不饮恨而吞声"的名句，"饮恨"与"吞声"并举，饮恨即为含恨之意。"饮泣"是指泪流满面以至于流进了口中，形容极度悲痛。"饮气"则为忍气之意。

"饮"还有一个比较有趣的义项，饮是喝进了肚子里，因此可以引申为没入，比如"饮弹身亡"是中弹的意思，子弹射进并没入了身体内部。神射手养由基一箭射向石头，"矢乃饮羽"，高诱解释说："饮羽，饮矢至羽。""羽"是箭尾上的羽毛,此箭没入石头直至箭尾上的羽毛,可见臂力之大。

"饮"还可以用作动词,当作动词的时候读作 yìn,把水给人或牲畜喝,或者用酒食款待客人。《诗经·小雅·绵蛮》中"饮之食之,教之诲之"就是这样的用法。古时的羊贩子有一种欺诈手段,叫作"饮羊",一大早让羊喝饱水,以便增加重量,后人就用"饮羊"来比喻以欺诈手段做生意牟利。古籍中常见"有饮马长江之志"的说法,在长江边饮马,即将渡江南下进行征伐。在这些用法中,"饮"都必须读作 yìn。

六饮

据《周礼》记载，周代有"酒正"一职，职责之一是"辨四饮之物：一曰清，二曰医，三曰浆，四曰酏"。这是周天子的四种日常饮料。"一曰清"，"清"指滤去酒糟的甜酒；"二曰医"，"医"指梅浆，梅子的浆汁，也就是今天常喝的酸梅汤，也有人说是用粥加曲蘖酿成的甜酒；"三曰浆"，"浆"指酢（cù）浆，一种含有酸味的饮料，也有人说是"水米汁相将"的米汤；"四曰酏"，"酏"指很清的稀粥，也有人说是将麦芽糖溶于水制成的甜饮。

此外，周代还有"浆人"一职，职责之一是"掌共王之六饮：水、浆、醴、凉、医、酏，入于酒府"。这是周天子的六种日常饮料。第一种是水；第二种是浆；第三种是"醴"，即甜酒；第四种是"凉"，指薄酒，也有人说是将米、麦炒熟后捣成粉末，用凉水搅拌做成的薄粥；第五种是医；第六种是酏。此"六饮"又称"六清"，因为这六种饮料的共同特点都是味道清淡。

张舜徽先生在《说文解字约注》一书中写道："古无茶，浆乃常饮物，故言饮者必及焉。盖浆亦以米为之，似酒而非酒者。其味必酢，所以止渴也。"周天子的专用饮料传入民间,最受欢迎的就是浆,这是因为浆比水有味道,同时成本又最低、最便宜,因此浆就成为与饭和酒并列的古人生活中最重要的饮料,后来还把可以捣成汁液的所有饮料都称作"浆",比如《汉书·礼乐志》载当时的《郊祀歌》中有"泰尊柘浆析朝酲"的诗句,东汉学者应劭注解说:"柘浆,取甘柘汁以为饮也。酲,病酒也。析,解也。言柘浆可以解朝酲也。""朝酲"的意思是昨夜醉酒,今早起来仍然病酒未解,而饮用甘蔗汁就可以解酒。这就是把甘蔗汁称作"浆"的例子。

古有"引车卖浆者流"的习用称谓,泛指做小买卖的平民百姓。据《史记·魏公子列传》记载,魏国有一位七十岁的隐士侯嬴,家贫,担任都城大梁东门的看门人。被封为信陵君的魏公子无忌听说后,亲自前去迎接他,侯嬴不客气地上座,又提出要见他的朋友朱亥的要求。"公子引车入市",去见朱亥。"引"指调转方向,信陵君调转车行的方向,进入贩夫走卒所居的市集。此之谓"引车"。

还是这位信陵君,后来居于赵国,"公子闻赵有处士毛公藏于博徒,薛公藏于卖浆家"。"博徒"即赌徒,同卖浆一样都属于贱业,但信陵君求才心切,亲自前去拜访这两位隐士。后人遂用"引车卖浆"来称呼做小买卖的平民百姓,由此也可见卖浆是一种常见的职业。

《庄子·杂篇·列御寇》中记列御寇的话说:"吾尝食于十浆,而五浆先馈。"我曾在十家浆店里饮用,却有五家先给我送来了。尚秉和先生在《历代社会风俗事物考》一书中评论道:"今所谓竞卖也。周时载记不见有卖他食物者,而卖浆者独多。浆者,饮料,古无茶,似以此供过客行旅之用也。"

制冰

中国古代很早就有了制冰传统，据《周礼》记载，周代有"凌人"一职，职责是："凌人掌冰正。岁十有二月，令斩冰，三其凌。春始治鉴。凡外、内饔（yōng）之膳羞鉴焉。凡酒、浆之酒、醴亦如之。祭祀共冰鉴。宾客共冰。大丧共夷槃（pán）冰。夏颁冰，掌事。秋，刷。"

"凌"指冰凌，因此将负责管理的官吏称作"凌人"；"正岁"指古历农历的正月；"鉴"是盛冰的青铜大盆；"饔"指切割烹调；"膳"指祭牲之肉；"羞"指美味；"夷"指尸体；"槃"指盛水之盘。

这段话描述了凌人的职责：凌人负责掌管制冰、藏冰、出冰之事。农历的十二月，冰最为坚厚的时候，命人入山斩伐冰块，要斩伐三倍的冰块藏入冰窖，以防消融后不够用。农历正月开始检查盛冰的青铜大盆，因为二月的时候，天子就要向宗庙进献羔羊，需要用冰。凡是供给国君、王后和太子以及各类宾客的牲肉和美味，都要盛在冰鉴中，以防腐败。凡是酒人掌管的五齐三酒和浆人掌管的六饮，也都要盛在冰鉴中，以防变味。祭祀的时候负责供给冰鉴，用来盛放祭物。宴请宾客的时候，则只供给冰。"大丧"指天子之丧，天子死后，要把冰装在盘中，放在尸床下面，以防尸体腐烂，这叫"寒尸"。夏天暑气大盛的时候，国君要把冰颁赐群臣，凌人就负责掌管颁赐的具体事宜。到了秋天，要清除冰窖，准备接纳新冰。

凌人的工作很繁重，因此一共配备了九十四名员工。

《左传·昭公四年》中有一大段关于藏冰、用冰的议论，非常有趣："古者日在北陆而藏冰，西陆朝觌（dí）而出之。其藏冰也，深山穷谷，固阴冱（hù）寒，于是乎取之。其出之也，朝之禄位，宾、食、丧、祭，于是乎用之。其藏之也，黑牡、秬黍以享司寒。其出之也，桃弧、棘矢以除其灾。其出入也时。食肉之禄，冰皆与焉。大夫命妇，丧浴用冰。祭寒而藏之，献羔而启之，公始用之，火出而毕赋，自命夫命妇至于老疾，无不受冰。山人取之，县人传之，舆人纳之，隶人藏之。夫冰以风壮，而以风出。其藏之也周，其用之也遍，则冬无愆（qiān）阳，夏无伏阴，春无凄风，秋无苦雨，雷出不震，无菑霜雹，疠疾不降，民不夭札。今藏川池之冰弃而不用，风不越而杀，雷不发而震。雹之为灾，谁能御之？《七月》之卒章，藏冰之道也。"

先把疑难字词解释一下："北陆"，农历十二月，太阳运行于二十八宿的北方虚宿和危宿，故称"北陆"；"西陆"，农历三月，太阳运行于二十八宿的西方昴宿和毕宿，故称"西陆"；"觌"，出现；朝觌，早上出现；"冱"，凝固；"黑牡"，黑色的公羊；"秬黍"，黑色的黍子；"司寒"，冬神玄冥，冬在北陆，因此祭祀冬神的时候要使用黑色；"桃弧"，桃木制的弓，用以辟邪；"棘矢"，棘枝做的箭，也用以辟邪；"命妇"，大夫之妻，因有封号，故称"命妇"；"献羔"，祭礼之一，进献羔羊以祭祀冬神；"火出"，大火星黄昏时现于东方，指三月、四月之间;"山人",取冰于深山的小官;"县人",掌管一县政令的县正;"舆人""隶人",操贱役的吏卒;"愆阳",冬天温暖,指有悖节令;"伏阴",盛夏寒冷,气候反常;"疠疾",疫病,也就是今天说的流行性传染病;"夭",短命而死;"札",遭疫病而死。

这一大段议论,可以参考已故学者沈玉成先生的《左传译文》:"在古代,太阳在虚宿和危宿的位置上就藏冰,昴宿和毕宿在早晨出现就把冰取出来。当藏冰的时候,深山穷谷,凝聚着阴寒之气,就在这里凿取。当把冰取出来的时候,朝廷上有禄位的人,迎宾、用膳、丧事、祭祀,就在这里取用。当收藏它的时候,用黑色的公羊和黑色的黍子来祭祀司寒之神。当把它取出来的时候,门上挂上桃木弓、荆棘箭,来消除灾难。它的收藏取出都按一定的时令。凡是吃肉的官吏,都是有资格用冰的。大夫和妻子死后洗擦身体要用冰。祭祀司寒之神而加以收藏,奉献羔羊祭祖打开冰室,国君最早使用,大火星出现而分配完毕,从大夫和他们的妻子以至于退休的生病的,没有人不分到冰。山人凿取,县人运输,舆人交付,隶人收藏。冰由于寒风而坚固,而由于春风而取出使用。它的收藏周密,它的使用普遍,那就冬天没有温暖,夏天没有阴寒,春天没有凄风,秋天没有苦雨,雷鸣不伤人,霜雹不成灾,瘟疫不流行,百姓不夭折。现在收藏着河川池塘的冰放在那里不用,风不散而草木凋零,雷不鸣而人畜伤亡,冰雹成灾,谁能够防止它?《七月》这首诗的最后一章,就是藏冰的道理。"(中华书局1981年版)

《左传》所说的"《七月》之卒章,藏冰之道也",是指《诗经·国风·七月》的最后一章:"二之日凿冰冲冲,三之日纳于凌阴。四之日其蚤,献羔祭韭。九月肃霜,十月涤场。朋酒斯飨,曰杀羔羊。跻彼公堂,称彼兕觥,万寿无疆。"

"冲冲",凿冰之声;"蚤",通"早";"肃霜",霜降而收缩万物;"涤场",农事完毕,将场地打扫干净;"朋酒",两樽曰"朋",两樽酒;"公堂",这里指聚会的公共场所。

这几句诗,台湾学者马持盈先生的白话译文为:"十二月的时候,把冰凿开,正月的时候,纳冰于藏冰之室。二月早期的时候,以羔羊与韭菜献祭。九月霜降,而带有肃杀之气。十月的时候,清扫谷场,农事全毕,于是大家杀羔宰羊,聚酒为欢。升登豳公之堂,举杯称觞,祝豳公万寿无疆。"

诗中的"纳于凌阴","凌阴"即为古人藏冰室之名。

座席

尚秉和先生在《历代社会风俗事物考》一书中，就"历代饮食时席地，用床、用桌之状况"进行了总结："此等状况，可分三期：自汉以前席地坐，即席地食……此一期也。自汉末至五代多坐床，食时即置饮食于床……盖自唐以前，即置食物于坐床上，唐末五代时，别有食床，略如今之矮方桌，此一期也。至北宋，高座行，有椅子、杌（wù）子，因又有桌子。其饮食时置列状况，遂与今同，此又一期也。"

"杌子"即小凳子。北宋人饮食时的落座习惯已与今日完全相同。

本文将从筵席、坐姿、坐向等几个方面来详细讲解古代的座席制度。

筵席

中古之前没有椅凳，席地而坐，因此在古人的生活中，席子就成了一件非常重要的生活用具，坐卧起居都离不了它，也因此产生了许多与席有关的说法，比如朋友绝交称"割席"，把两人一起坐的席子从中间隔开，离席起立表示敬意称"避席"。此即尚秉和先生所谓"自汉以前席地坐，即席地食"。

据《周礼》记载，周代有"司几筵"一职，职责是"掌五几、五席之名物，辨其用与其位"。

"几"是古人席地而坐时可依可靠的坐具，按照等级，共有五种之多，故称"五几"，分别为：玉几，顾名思义，乃以玉作装饰；雕几，"雕"者，镂刻也，这是指刻绘文采之几；彤几，朱漆之几；漆几，涂漆之几；素几，不涂漆之几。

同样，座席也有五种等级，故称"五席"，分别为：莞席，莞草所制的席子；缫席，"缫"通"藻"，五彩的草席；次席，用桃枝竹编成的席，次第行列，有文采，因此称"次席"；蒲席，用蒲叶编织的席子；熊席，熊皮座席。

那么,什么叫"筵席"呢?郑玄为"司几筵"一职作注说:"筵亦席也。铺陈曰筵,藉之曰席。"也就是说,铺在最下面、紧靠地面的一层叫"筵",筵上面铺的所有的席子才能称为"席"。所以"筵席"和"宴席"这两个词绝对不能混用:"宴席"是指酒宴,而"筵席"是指酒宴时的座位和陈设。

尚秉和先生在《历代社会风俗事物考》一书中总结说:"筵大于席,盖铺地上,使无隙地以为洁;筵之上再铺以席,而人坐之也,故古人入室即脱履。"席不一定只有一层,座席层叠的多少表示身份的高低,比如《仪礼·乡饮酒礼》中的规定:"公三重,大夫再重。"

《礼记·曲礼上》中还有这样的规定:"群居五人,则长者必异席。"郑玄注解说:"席以四人为节。"一张席最多只能坐四个人。孔颖达进一步解释说:"古者地敷横席而容四人,四人则推长者居席端。若有五人会,应一人别席,因推长者一人于异席也。"如果聚会者有五个人,那么就要推举最为年长者独坐一席,以示对长者的尊重。此乃群居之法,不甚讲究,但如果是依宾主之礼举行的宴饮,则绝不能同坐,而是每人独席。

一席既然只能容四个人,《曲礼上》中就规定:"并坐不横肱。""肱"指由肘到肩的部分,后泛指胳膊。四个人同席,如果把胳膊架开,就会挤压别人的空间,因此不符合礼仪。

还有两种特殊情况,同样是《曲礼上》中的规定:"有忧者侧席而坐,有丧者专席而坐。"父母生病的,参加宴会时要单独坐一席,这表示他很忧伤,不能再与人交接应酬;居父母丧的,则只能坐一层的"专席"(单席),不能坐两层的"重席",这表示他要降低自己的居处标准。

至于什么时候应当铺席，什么时候不能铺席，讲究就更多了。《晏子春秋·内篇谏下》讲述了一个有趣的故事："景公猎休，坐地而食，晏子后至，左右灭葭而席。公不说，曰：'寡人不席而坐地，二三子莫席，而子独搴草而坐之，何也？'晏子对曰：'臣闻介胄坐陈不席，狱讼不席，尸坐堂上不席，三者皆忧也。故不敢以忧侍坐。'公曰：'诺。'令人下席曰：'大夫皆席，寡人亦席矣。'"

有一天，齐景公带领包括国相晏子在内的大臣浩浩荡荡地去打猎，休息的时候大家坐在地上吃饭，晏子来得有些晚，到了之后，晏子命随从割来芦苇铺在地上，权且当作席子，然后大大咧咧地坐了上去。

齐景公目不转睛地注视着晏子的举动，很不高兴，对他说："寡人我没有铺席，直接就坐在地上吃饭，别的大臣们也都没有铺席，你却割来芦苇坐在上面，你为什么要搞特殊化？"

晏子不慌不忙地回答道："礼仪有规定，披甲戴盔的武士临阵作战的时候不能铺席，诉讼断案的时候不能铺席，丧事期间，参加葬礼的人坐的时候不能铺席。这三项都是忧事、不好的事情，因此我不敢不铺席，否则就是拿忧事来陪您一起坐着，岂非不守礼节吗？"

齐景公听后，一迭连地称善，赶紧命令随从为自己和大臣们都铺上了席子。

坐姿

古人的坐姿分为两种，宴饮时也不例外。

一种就叫"坐"。这种"坐"可不同于今天的垂腿而坐，而是两膝着地，臀部压在脚跟上。朱熹曾解释这种坐姿为："两膝着地，以尻着跖而稍安者为坐。"换言之，"坐"是指屁股坐在脚后跟上，身体向后而两膝向前，可想而知这种坐姿很舒服，即朱熹所说的表现得安逸之状。《仪礼·士相见礼》的描述则是："坐则视膝。"采用这种坐姿，因为身体向后，所以能够看到自己的两膝。

第二种叫"跪"。《释名·释姿容》："跪，危也。两膝隐地，体危倪也。"朱熹则解释说："伸腰及股而势危者为跪，因跪而益致其恭。"两膝着地，臀部抬起，伸直腰股，以示尊敬。这种坐姿因为身体挺直，所以看不到自己的两膝。又称"长跪""踞"。"长跪"的"长"并不是指跪了很长时间，而是形容伸直腰股，上身好像加长了一样。踞，"见所敬忌，不敢自安也"，也是表示尊敬之意。

有个成语叫"正襟危坐"，比喻人和人相处时的拘谨或者严肃之态。"正襟"是指拉一拉衣襟使其端正，今天穿西装的人还经常会使用这个动作,即"正襟"的遗制;所谓"危坐",指的就是跪姿,"危"是端正之意,"危坐"即端坐、正坐。

据《史记·日者列传》载,西汉时,宋忠任中大夫,贾谊任博士,有一次二人游于卜肆,即占卜的铺子,听楚人司马季主侃侃而谈,"分别天地之终始,日月星辰之纪,差次仁义之际,列吉凶之符,语数千言,莫不顺理"。

紧接着,司马迁生动地写道:"宋忠、贾谊瞿然而悟,猎缨正襟危坐。"古人必戴冠,冠有冠缨,也就是带子,用来系在颔下,起固定作用。"猎缨"指用手把冠缨收揽捋齐,然后正襟危坐,聆听司马季主的教诲。二人"猎缨正襟危坐"之前的坐姿,一定是第一种坐,听到司马季主如此渊博,方才"瞿然而悟",赶紧从坐改为跪,以示尊敬。

魏晋之后方才有垂腿而坐的坐姿,跟今天一样。垂腿而坐,上半身虽然也能挺腰"危坐",但尊敬或者严肃的意味比古时已经差得太远了。

最有趣的是,除了坐和跪之外,还有一种叫"箕踞"的坐姿,但却属于极为不恭的坐姿。据《史记·张耳陈馀列传》载,赵王张敖是刘邦的女婿,来到赵国之后,刘邦对这位女婿很不客气,"高祖箕踞詈(lì)"。"詈"指责骂;"箕踞",司马贞索隐引述崔浩的解释说:"屈膝坐,其形如箕。"两腿叉开,膝盖微曲地坐着,形状就像一只簸箕。这是一种轻慢、傲视对方的坐姿,很不礼貌。

这种箕踞的坐姿又称为"夷俟"。《论语·宪问》中用短短的语言讲述了一个有趣的故事:"原壤夷俟。子曰:'幼而不孙弟,长而无述焉,老而不死,是为贼。'以杖叩其胫。"

原壤是孔子的老朋友,这个人最出名的事情是他母亲死了,孔子前去吊丧，原壤非但没有表现出哀痛的样子，反而唱起了歌。孔子的弟子们义愤填膺，劝谏孔子同他绝交。孔子却回答道："亲者毋失其为亲也，故者毋失其为故也。"意思是：原壤虽然在唱歌，可他心中并没有忘记母亲；老朋友就是老朋友，不能因此事跟他绝交。

在上述引文中，"夷"即"踞"，叉开双腿平坐；"俟"是等候；"孙弟"通"逊悌"，敬顺兄长；"胫"是小腿。这段话的意思是：有一天孔子前去拜访原壤，原壤非但不出门迎接，反而叉开双腿平坐着等他。孔子一看老朋友这个德性，气不打一处来，训斥他说："年幼的时候你不懂得敬顺兄长，长大后又没有什么可以说出口的成就，老而不死，真是个害人虫。"这番话说完，原壤还坐着不动，孔子就拿拐杖轻轻敲打他的小腿。

从这个故事中还诞生了"老而不死是为贼"这一日常用语。从丧母唱歌的举动可以看出原壤本来就不是拘于礼法的人，更别说对待老朋友了，因此孔子这番话以及敲打小腿的惩戒不过是开玩笑罢了。丧母唱歌之不守礼法，比起"夷俟"来要严重得多了，孔子尚且不愿跟他绝交，何况遭到"夷俟"的待遇呢！后人不求甚解，不了解前因后果，将孔子的戏言断章取义，用来攻击自己看不惯的老年人，实在是冤枉了孔子！

宴饮之时，坐和跪这两种姿势都可以，但绝不可以箕踞，否则就不符合礼仪。

坐姿既明，再讲一下登席的礼节。《礼记·玉藻》中规定："登席不由前，为躐（liè）席。徒坐不尽席尺，读书、食，则齐，豆去席尺。"

宾客之席位于西边，因此西为下，登席的时候要从西边登，要从席后的左右而登，不能从席的前面登，否则就是"躐席"。"躐"是逾越的意思,"躐席"即指越前而登席;"徒坐"指无事闲坐,无事闲坐的时候,不要坐在席的前面,要留出一尺的距离,以示谦虚。读书的时候要让尊者听到自己的读书声,吃饭的时候要避免弄脏席子,这两种情况下,就要向前坐,靠近席子的前端。豆是盛食器,放在席前一尺的距离之外,因此要坐在席子的前面,方便取食。

坐向

古人座位的方向也非常有讲究，绝不能随便乱坐。我们先来看一下《史记·项羽本纪》中著名的鸿门宴的座次："项王、项伯东乡坐。亚父南乡坐。亚父者，范增也。沛公北乡坐，张良西乡侍。""乡"通"向"。

坐西朝东的方向最尊贵，因此项羽和他叔叔项伯坐西朝东（东向）；坐北朝南的方向次之，因此项羽的谋士亚父范增坐北朝南（南向）；坐南朝北的方向又次之，因此沛公刘邦坐南朝北（北向）；张良是刘邦的谋士，只能屈居最卑的坐东朝西方向了（西向）。这些座次的礼节一点儿都错不得。

为什么东向（坐西朝东）最为尊贵？这是因为古人尚右，以右为尊，大多数人都是使用右手，从生理习惯上来说右手方便，故以右为尊。孔颖达在为《左传》所作的注疏中解释说："人有左右，右便而左不便，故以所助者为右，不助者为左。"比如出自《礼记·王制》的"左道"一词："执左道以乱政，杀。"孔颖达解释说："左道谓邪道。地道尊右，右为贵……故正道为右，不正道为左。"

众所周知的"负荆请罪"的故事，起因就在于蔺相如比廉颇的功劳大,封官的时候,拜蔺相如为上卿,"位在廉颇之右",廉颇非常生气,才寻衅滋事。可见官职也是以右为尊,贬官则叫"左迁"。连居住的方位也是以右为尊。古代房屋坐北朝南,皇帝面南背北而坐,因此地理上便以东为"左",以西为"右",在同一座城市中,高官和贵族住在"右尊"的西边,普通百姓住在"左卑"的东边。陈胜、吴广起义时率领的九百名战友,入伍前都居住在"闾左",即闾巷的东边(左侧),都是地位最低的普通百姓。"无出其右"这个成语是指没有人能够战胜或者超过,也是以右为尊。

既然西边乃最尊贵的方向,那么古人就规定:主席在东,宾席在西。古人出面为子女聘请老师,双方讨价还价谈妥工资待遇之后,主人宴请老师,就请老师坐在西边,所以受业的老师尊称为"西席";主人坐东朝西作陪,东面是主人的位置,故称"东家""做东","房东""股东"等称呼也是因此而来。

俗语

古人饮食的礼仪、习俗,甚至包括趣事,还大量地存在于流传至今的口语和日常俗语之中。本文特选取十一个最为人耳熟能详,但其语源却鲜为人知的日常俗语,详细讲解它们有趣的来源。这十一个日常俗语是:一日三餐、大快朵颐、开荤、打牙祭、苦酒、饮鸩止渴、饯行、钟鸣鼎食、食指大动、黄瓜、鲍鱼之肆。

一日三餐

一日三餐,一天三顿饭,今人视之为理所当然,殊不知在秦汉之前,人们一天只吃两顿饭!

甲骨卜辞中有"大食"和"小食"之称,证明商代实行的是一日两餐制。大食约为上午十点,进早餐;小食约为下午四点,进晚餐。

《孟子·滕文公上》中写道:"贤者与民并耕而食,饔飧(yōng sūn)而治。""饔"和"飧"都是熟食,区别是早餐称"饔",晚餐称"飧"。有个成语叫"饔飧不继",意思是吃了早饭没有晚饭,形容穷困。这句话就是一日两餐制的如实写照,和古人"日出而作,日入而息"的生活习惯是相符的。

不过,到了春秋战国时期,上层社会在两餐之外又增加了一餐。《晏子春秋·内篇杂上》中讲述了一个有趣的故事,可以看到统治阶层的这一特权:"景公饮酒,夜移于晏子,前驱款门曰:'君至!'晏子被元端,立于门曰:'诸侯得微有故乎?国家得微有事乎?君何为非时而夜辱?'公曰:'酒醴之味,金石之声,愿与夫子乐之。'晏子对曰:'夫布荐席,陈簠簋者,有人,臣不敢与焉。'"

"元端"即玄端，黑色的礼服，国君驾到，晏子因此要穿上礼服迎接；"荐席"，垫席、座席；"簠簋"，两种盛黍稷稻粱的礼器，代指酒食、筵席。

齐景公深夜去找国相晏子饮酒，晏子穿上礼服，站在门口问道："莫非诸侯有什么变故吗？莫非国家有什么事情吗？您为什么在不该来的夜晚屈尊来了呢？"一听齐景公要跟自己饮酒作乐，晏子回答道："铺排座席，摆列食器，有专门的人管理，我不敢参与。"

齐景公吃了闭门羹，只好又去找大司马田穰苴（ráng jū），田穰苴戴上盔甲，执戟站在门口，问道："莫非诸侯有战事吗？莫非大臣有叛乱吗？您为什么在不该来的夜晚屈尊来了呢？"然后用跟晏子一模一样的口吻拒绝了齐景公。

"公曰：'移于梁丘据之家。'前驱款门，曰：'君至！'梁丘据左操瑟，右挈竽，行歌而出。公曰：'乐哉！今夕吾饮也。微此二子者，何以治吾国；微此一臣者，何以乐吾身。'"

梁丘据是齐国大夫，一听国君到了，立刻拿着乐器边走边唱迎接国君。齐景公感慨道："如果没有晏子和田穰苴，我怎么治理国家呢？如果没有梁丘据，我怎么可以身心快乐呢？"

齐景公夜饮，一定备有食物，因此可以视之为夜宵，这是一日的第三餐。《战国策·齐策四》中也有"士三食不得餍"的议论，士阶层三顿饭都吃不饱，由此可见，从国君到士阶层，均为一日三餐制，不过这属于统治阶层的特权，平民百姓遵循的仍然是一日两餐制。

《论语·乡党》中写道："不时，不食。"郑玄注解说："不时，非朝、夕、日中时。"意思是：不是早、晚、正午该吃饭的时候，不能吃饭。可见秦汉之时已经改为一日三餐制了。

第一顿饭称作"朝食",即早饭,天色微明时进食。有个成语叫"灭此朝食",意思是歼灭了敌人再吃早饭,以展示必胜的决心。

第二顿饭称作"昼食",即午饭,汉代人叫"饷(shǎng)"。《说文解字》:"饷,昼食也。"段玉裁注解说:"此犹朝曰饔,夕曰飧也。昼食曰饷,俗讹为日西食曰饷,见《广韵》。今俗谓日西为晌午,顷刻为半晌,犹饷之遗语也。"

张舜徽先生在《说文解字约注》一书中进一步解释说:"许云昼食,谓中午之食也。昼字从画省,从日,言一日之中,以此为界也。今湖湘间犹谓上午为上昼,下午为下昼,则昼食为午时食,明矣。《御览》卷八百四十九引《说文》作'中食也',谓日中之食也。犹今语称中餐耳。"

"昼"的繁体字"晝",与"画"的繁体字"畫"仅有一笔之差,因此张舜徽先生说"昼字从画省",意思是一日之中,以中午画界。昼食即为午饭,"饷"今天则写作"晌",很多地方管午饭叫晌午饭,即此遗语也。

第三顿饭称作"哺(bū)食",即晚餐。"哺"指申时,相当于下午三点到五点。古人的晚餐比今天要早得多。

有趣的是,汉代天子实行的则是一日四餐!据东汉学者班固所撰《白虎通义》记载:"王平居中央,制御四方。平旦食,少阳之始也;昼食,太阳之始也;脯食,少阴之始也;暮食,太阴之始也。"这当然是由五行理论附会而来。班固又写道:"诸侯三饭,卿大夫再饭,尊卑之差也。"连吃饭的次数都有等级制的规定!

唐代时早饭又称"点心",唐人孙颀(wěi)所著《幻异志》中有一篇《板桥三娘子》的故事,其中写道:"有顷鸡鸣,诸客欲发,三娘子先起点灯,置新作烧饼于食床上,与客点心。"可见吃点心之早。之所以称之为"点心",是因为饥饿心慌,用烧饼等小食"点"一"点",略微安慰一下饥肠而已。今天仍把早餐称作"早点",即是"点心"的遗意。

图108　　　　　　　图109

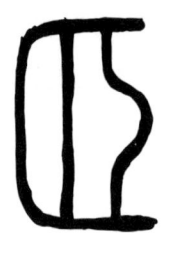

大快朵颐

"大快朵颐"的意思是大饱口福,日常俗语经常使用。"大快"形容非常痛快,其义甚明;但"朵"和"颐"分别是什么意思?又是怎么组合在一起的呢?相信很多人都不清楚。

先说"朵"。"朵"是个后起的字,是一个象形字,下面是"木",上面像花朵的形状。《说文解字》:"朵,树木垂朵朵也。"段玉裁解释说:"凡枝叶花实之垂者,皆曰朵朵。今人但谓一花为一朵。"既然是花实下垂的形状,那么花儿当然就可以称为"花朵"了。

至于"耳朵"这一称谓,可作两种解释:一是耳垂下坠的形状跟花实下垂的形状相似,"树木垂朵朵"的说法可以径自改为"耳垂朵朵",故称"耳朵";一是花实下垂在树木旁边,因此"朵"字引申出"两旁"的意思,比如古人将正楼两侧的楼唤作"朵楼",大殿的左右走廊唤作"朵廊",均属这样的用法,耳朵刚好位于头部两旁,故称"耳朵"。

"朵"还可以引申用作动词,意思是"动",这是因为花实累累下垂,轻风一吹就会随风拂动。我们知道有些人生具异能,能够让两只耳朵轻轻摆动,像用微型的扇子扇风一样,对这样的人来说,估计他的耳朵本身就是动词,因为耳朵确实动起来了嘛!长沙马王堆汉墓出土的帛书中有《黄帝四经》一书,其中《十六经·正乱》一文中写道:"我将观其往事之卒而朵焉,待其来事之遂形而私焉。"这两句话的意思是:我将要考察蚩尤过去的所作所为而采取行动,静待蚩尤将来坏事做尽再配合采取行动。这里的"朵"就是动词。

再说"颐"。"颐"的古字写作"𦣝",也就是"颐"字的左边一半,金文字形(图108),很明显是一个象形字,段玉裁解释说:"此文当横视之,横视之则口上、口下、口中之形俱见矣。"也就是说,这是咧开的嘴巴和下巴的样子,不过把宽下巴竖起来画了,里面的两个黑点代表牙齿。

"𦣝"的小篆字形(图109),同样可以看得很清楚:横过来看,上面是嘴巴的形状,下面往下凸起的部分是下巴。之所以把它竖起来,是为了给以后的字当作偏旁使用。后来给它添加了一个代表头部的"页",于是"颐"就变成了一个形声字。

东汉学者刘熙所著《释名·释形体》中解释说:"颐,养也。动于下,止于上,上下咀物以养人也。"嘴巴张开,最原始的功能当然就是咀嚼,因此"颐"训为"养",咀嚼食物以养人。

有一个成语叫"颐指气使",意思是不说话,光用下巴示意对方或下属如何如何做,傲慢的样子多么形象!还有"解颐",意思是开颜欢笑,高兴得下巴都张开了。不过需要注意的是,古时候的下巴包括口腔上下两部分,即上颌和下颌,而今天更多的仅仅指下颌。咀嚼食物的时候，上下颌要共同运动，因此"颐"这个字就跟饮食发生了关系。

古人吃饭，一定要在屋子的东北角，这是因为"东北者，阳始起，育养万物"，因此古人为"臣"添加了一个表示屋顶的"宀"字头，用来指代东北角，东北角就叫"宧"，读音相同。

"朵颐"第一次连用，出自《周易》。《周易》第二十七卦叫颐卦，通篇讲的就是饮食营养的养生之道，其中出现了"朵颐"一词："初九，舍尔灵龟，观我朵颐，凶。"灵龟用于占卜，因此非常珍贵，用来比喻财宝。三国时期学者王弼注解说："朵颐者，嚼也。"孔颖达进一步解释说："朵颐谓朵动之颐以嚼物，喻贪婪以求食也……朵是动义，如手之捉物谓之朵也。今动其颐，故知嚼也。""朵颐"即鼓动下巴或腮颊咀嚼食物。这一卦是劝谕之辞，意思是你不爱惜自己最珍贵的东西，反而舍弃自己的财富，艳羡地来看我鼓着腮帮子吃东西，这就十分凶险了！

柳宗元有诗："朵颐进芰（jì）实，攫手持蟹螯。""芰实"就是菱角。不张开下巴和嘴巴，菱角怎么能够吃进嘴里？这几乎是量身定做，专门用来解释"朵颐"的一句诗！鼓着腮帮子大嚼特嚼的必定是美食，因此"朵颐"一词又引申为向往、馋羡的意思，明代文学家沈德符在《万历野获编》一书中曾经描述过一个官位空缺的有趣场景："辛丑年，浙江吏部缺出，朵颐者凡数人。"用"朵颐"来形容觊觎官位的猴急模样，实在是太形象了！

仅仅"朵颐"还不过瘾，古人又在前面加上了一个程度更深的"大快"，非常快活，那么这顿盛宴一定是大饱口福了！

"颐"跟饮食的养生之道发生关系之后，又引申出保养的意思，比如"颐神"（保养精神）、"颐年"（保养延年）、"颐老"（养老）、"颐养天年"。又比如颐和园,就是取"颐养冲和"之意。

最有趣的是一百岁的老人称"期颐"。《礼记·曲礼上》中载:"百年曰期颐。"郑玄注解说:"期,犹要也;颐,养也。不知衣服食味,孝子要尽养道而已。"孔颖达进一步解释说:"期,要也;颐,养也。人年百岁,不复知衣服饮食寒暖气味,故人子用心,要求亲之意而尽养道也。"清代学者孙希旦则解释说:"百年者饮食、居处、动作,无所不待于养。方氏悫(què)曰:'人生以百年为期,故百年以期名之。'"意思是活到了一百岁,寒暖都不再敏感,食物也不知其味,因此子女要用心赡养,以尽孝道。

开荤

今天人们日常口语中的"开荤"一词，多用来形容第一次吃到、看到或者经历新奇的事情，"开洋荤"则程度更甚，本义与"吃素"相对，当然指素食之后开始食肉。但是"荤"这个字其实跟肉类一丁点儿关系都没有。

《说文解字》："荤，臭菜也。"臭菜不是有臭味的菜，而是指味道浓重、辛辣的菜，所以荤、辛并举，比如"五荤"也叫"五辛"，是五种有辛辣味的菜。

关于"五荤"，李时珍在《本草纲目》中总结得非常清楚："五荤即五辛，谓其辛臭昏神伐性也。炼形家以小蒜、大蒜、韭、芸薹、胡荽为五荤，道家以韭、薤、蒜、芸薹、胡荽为五荤，佛家以大蒜、小蒜、兴渠、慈葱、茖葱为五荤。兴渠，即阿魏也。虽各不同，然皆辛熏之物，生食增恚，熟食发淫，有损性灵，故绝之也。"

"小蒜"是中国原生的一种蒜；"大蒜"又称胡蒜，产自西域；"韭"是韭菜；"芸薹"即油菜；"胡荽"即芫荽，俗称香菜；"薤"是像韭菜的一种菜；"兴渠"又叫阿魏，一种有臭气的植物，原产于中亚和伊朗；

"慈葱"即冬葱,茎叶慈柔而香,可以经冬,故称"慈葱";"茖葱"即野葱。佛道两家认为五荤的辛辣之气"昏神伐性","有损性灵",因此禁绝。

清代诗人赵翼曾经在《西岩治具全用素食,以梦楼持斋故也。作素食歌见示,亦作一首答之,并调梦楼》一诗中吟咏素食:"古人斋食但忌荤,所谓荤者乃五辛,后人误以指腥血,葱薤羊豕遂不分。"赵翼的感叹是对的,古时之"荤"从未指肉类,相应地,"荤腥"指有辛辣味的菜和鱼、肉,"荤膻"指有辛辣味的菜和羊肉,"荤臊"指有辛辣味的菜和肉类。而"素"一开始并不是指瓜果蔬菜之类,而是如《礼记·礼运》所云"未有火化,食草木之实",指的是草木的果实,这才叫素食,后来才引申指僧人的斋饭。

有趣的是,炼形家虽然不食五荤,但民间习俗竟然以五荤炼形!《太平御览》卷二十九有一段引文:"周处《风土记》曰:'元日造五辛盘,正元日五荤炼形。'注曰:'五辛所以发五藏气。'"

所谓"五辛盘"即五辛菜,李时珍在《本草纲目》中解释说:"五辛菜,乃元日立春,以葱、蒜、韭、蓼、蒿、芥辛嫩之菜,杂和食之,取迎新之义,谓之五辛盘。杜甫诗所谓'春日春盘细生菜'是矣。""辛""新"谐音,之所以要在正月初一的早晨食用五辛菜,是为了助发五脏之气,借以炼形延年。

"开荤"又称"解菜""解素",意思是解除吃菜、吃素之戒。据《南史·齐本纪》载:南齐废帝萧宝卷有一位极其宠爱的潘妃,"潘妃生女,百日而亡,制斩衰经杖,衣悉粗布。群小来吊,盘旋地坐,举手受执蔬膳,积旬不听音伎。左右直长阉竖王宝孙诸人,共营肴羞,云为天子解菜"。

俗语

"斩衰"即"斩缞（cuī）"，是五种丧服中最重的一种，用粗麻布做成，不能锁边，要用刀子随手斩取几块粗麻布，胡乱拼凑缝合在一起，所以称为"斩衰"。这种丧服一穿就要穿三年，用于直系亲属和最亲近的人之间，比如儿子为父亲服丧，妻子为丈夫服丧。丧服之所以是胡乱拼凑的，意思是指最亲的人死了，我是多么悲伤啊，连衣服都没有心情制作了，就让我胡乱披着几块麻布为您服丧吧。

"绖（dié）"是用麻做的丧带，系在腰或头上，系在腰上的称"腰绖"，系在头上的称"首绖"；"杖"即哭丧棒。

一个宠妃的女儿百日夭折，贵为皇帝，竟然采用五服制度中最重的一种来为她守丧，而且食素，不听音乐，可谓大大僭越了礼制。于是宦官们为他烹制了鱼肉等美味佳肴，口称为天子"解菜"。

南宋诗人王楙（mào）所著《野客丛书》中也记载了这件事："今人久茹素，而其亲若邻，设酒肴之具，以相暖热，名曰'开荤'，于理合曰'开素'，此风已见六朝。观东昏侯丧潘妃之女，阉竖共营肴羞，云为'天解菜'，正其义也。"按照王楙的说法，"开荤"实应称作"开素"，而此时的"开荤"，正如赵翼感叹的那样，已经失去了"荤"的本义，泛指吃肉了。

打牙祭

吃一顿很久没有吃过的好饭菜叫作"打牙祭"。这是一个非常奇怪的日常俗语,"打"是举行之意,"牙"和"祭"分别是什么意思呢?

台湾学者伍稼青在《打雅》一书中总结说:"四川人所称打牙祭,东北人谓之吃犒劳,江南人名曰当荤。即于每月初一、十五,或初二、十六,特别以肉类食物,饷家人或职工也。"

伍稼青接着引用了民国时期鸳鸯蝴蝶派作家喻血轮所著《绮情楼杂记》中的一段论述:"按'打牙祭'本'打衙祭'之讹传。《通考》载石林叶氏云:'节度使碧油红斾(pèi),受赐者藏于公宇私室,皆别为堂,号节堂;每朔望之次日祭之,号衙祭日,祭毕分肉以畀(bì)众。'是衙祭二字,由来已久,后流传民间,遂附会成为打牙祭。"

喻血轮引述的宋元间学者马端临所著《文献通考》中的这一段话,乃出自唐宋节度使制度。据《新唐书·百官志》载:"节度使掌总军旅,专诛杀。"其实节度使的权力不仅仅局限于军事,还掌管一道或数州的民事和财政,总揽军政大权。

节度使受命赴任时的排场很大:"辞日,赐双旌双节,行则建节、树六纛（dào），中官祖送，次一驿辄上闻。""旌"是旗帜；"节"是符节。辞别时，朝廷要赐给节度使双旌双节。上路后，节度使执持符节，竖起六面大旗，"纛"指军旗。朝中官员为他饯行，下一个驿站的官员要将情况向朝廷呈报。

"入境，州县筑节楼，迎以鼓角，衙仗居前，旌幢居中，大将鸣珂，金钲鼓角居后，州县赍（jī）印迎于道左。"州县官员要提前在节度使的府中建筑"节楼"，以便将节度使的军旗放置其中。进入辖境之后，以鼓角相迎，节度使的队伍则仪仗在前，旌旗居中，大将所乘的马以玉为饰，行则作响，金钲鼓角等军乐器居后。"赍"是携带之意，州县官员持着官印在道路的左边相迎。

节度使罢官之后也有讲究："罢秩则交厅，以节度使印自随，留观察使、营田等印，以郎官主之。锁节楼、节堂，以节院使主之，祭奠以时。""罢秩"指罢官，节度使罢官之后，要交出官署，节度使的官印可以自己带走，而属下观察使、营田等的官印则要留下，由郎官负责管理。放置旌、节的节楼和节堂要锁起来，由节院使负责管理，还要按时祭奠。

这种"祭奠以时"的制度，到了宋代，规定得更加详细。南宋学者戴埴所著《鼠璞》中有"旗纛将军"一条，其中写道："本朝有六纛、旌节、门旗二，受赐藏之公宇私室，号节堂。朔望次日祭之，号衙日。""公宇"指官署，节度使的这些仪仗藏于官署的私室之中，称作"节堂"；"朔""望"指初一、十五，"朔""望"的次日即初二、十六，要在这两天祭奠节堂，称作"衙日"。

这就是《文献通考》所引述的"衙日"制度。所谓"碧油红旆"，"碧油"指青绿色的军帐，"旆"泛指旌旗，均为节度使受赐之物。不过,《文献通考》的引文中并没有喻血轮声称的"号衙祭日,祭毕分肉以畀众"。分肉的习俗还要追溯到清人吴振棫所著《黔语》一书。

吴振棫曾担任过云贵总督,因此对贵州的习俗非常了解,《黔语》中有"衙祭"一条:"黔俗,给使厮养,遇朔望之次日得食肉,谓之'衙祭肉'。滇蜀亦然。按《通考》载,石林叶氏云:节度使碧油红旆,受赐者藏于公宇私室,皆别为堂,号'节堂';每朔望之次日祭之,号'衙日'。是'衙祭'二字,其来甚久。祭余分肉,以畀众人,即《祭统》所云'煇(yùn)胞翟阍(hūn),惠下之道也'。"

显然,喻血轮的引述由此而来,祭余分肉的习俗乃是吴振棫亲眼所见的黔俗。吴振棫所引述的《祭统》即《礼记·祭统》,原文为:"夫祭有畀煇胞翟阍者,惠下之道也。""畀",给予;"煇",通"韗(yùn)",掌管制作皮革的贱吏;"胞",通"庖",主管宰割牲畜的贱吏;"翟",掌管音乐的贱吏;"阍",守门的贱吏。祭祀有余,也要分给这四种最为低贱之吏,这是恩赐下人之道。吴振棫的意思是,黔俗中祭余分肉的习俗即由《祭统》的规定而来。

不过,喻血轮认为"打牙祭"乃是"打衙祭"的讹传,此说错误,恰恰相反,"打衙祭""衙日"倒是"打牙祭""牙祭"的讹传!

"牙"特指象牙,古人用象牙装饰在旗杆上。这一制度始于汉,张衡的《东京赋》中吟咏道:"戈矛若林,牙旗缤纷。"三国时期学者薛综注解说:"兵书曰:'牙旗者,将军之旌。'谓古者天子出,建大牙旗,竿上以象牙饰之,故云牙旗。"后来牙旗逐渐从天子专用转而成为军营的大旗,"牙"也不再专限于象牙,别的猛兽的牙也可以装饰在旗上。牙旗是军营中最具权威性的旗帜,传达和听取号令的时候,一定要聚集在牙旗下。驻军时,主帅帐前要树牙旗以为军门,故称"牙门"。

从隋唐时期开始,"牙门"一词的使用开始宽泛起来。唐人封演所著《封氏闻见记》"公牙"一条对此辨析道:"近代通谓府建廷为公衙,公衙即古之公朝也。字本作牙,《诗》曰:'祈父予王之爪牙。'祈父司马掌武修,象猛兽以爪牙为卫,故军前大旗谓之牙旗。出师则有建牙、祃(mà)牙之事,军中听号令,必至牙旗之下,称与府朝无异。近俗尚武,是以通呼公府为公牙,府门为牙门。字谬讹变,转而为'衙'也,非公府之名。或云公门外刻木为牙,立于门侧,象兽牙。军将之行置牙,竿首悬于上,其义一也。"

封演所说的"建牙",即树立牙旗;"祃牙",即祭祀牙旗。"衙"则是一个后起字,《说文解字》:"衙,行皃。从行,吾声。""衙"的本义就是行列。张舜徽先生在《说文解字约注》一书中解释说:"后人称官府为衙门,则以牙旗之所在得名,其本字当作牙。古读牙如吾。衙从吾声,故得借衙为牙。"后世的"衙门""衙役""衙内"等称谓,都是从"牙旗"而来,"打衙祭"当然也不例外。究其原因,是因为牙旗制度早已废弃不用,当作官府代称的"衙"遂逐渐取代了"牙"。

据《宋史·礼志二十四》载:"军前大旗曰牙,师出必祭,谓之祃……太宗征河东,出京前一日,遣右赞善大夫潘慎修出郊,用少牢一祭蚩尤、祃牙。"只用羊和猪祭祀称"少牢"。祭祀完之后,士卒分食牲肉,故称"牙祭"或"打牙祭"。这才是"打牙祭"一词的真正出处,后来流传至民间,但其语源却模糊不清了。

苦酒

今天人们的日常口语中使用的"苦酒"一词，无一例外都是用其比喻义，即用来比喻痛苦的生活感受，比如"喝下生活的苦酒"之类的表述方式。苦味在白酒的香味中所占的比例极其微小，因此不可能有真正的苦酒。古人将舌头感知到的味道分为五种：酸、苦、辛、咸、甘。酒可以有酸、辛、甘三种味道，但绝不可能有苦和咸这两种味道。那么，苦酒到底是什么酒呢？

原来，苦酒就是指酸酒。东汉学者刘熙所著《释名·释饮食》中解释说："苦酒，淳毒甚者，酢（cù）苦也。""不浇曰淳"，"不浇"指不兑水以保持味道醇正；"毒"即苦；"酢"则指酸。由刘熙的解释可知，苦酒最重要的味道在于"酢"，即酸，虽然也有"毒"和"苦"的描述，但都是用来辅助酸味的，因此苦酒的本义是指酒味发酸的劣质酒。

《太平御览》卷八百六十六引《魏名臣奏》："刘放奏云：'今官贩苦酒，与百姓争锥刀之末，宜其息绝。'"这段奏章说得非常明白，官府与百姓争利，也从事贩卖苦酒的行当，可见苦酒就是劣质的酸酒。贫苦百姓喝不起优质酒，只好喝劣质的苦酒来解馋。

北宋诗人梅尧臣在《依韵和刘比部留别》一诗中吟咏道："苦酒聊

为酎，无劳辨圣贤。"古人称清酒为"圣人"，浊酒为"贤人"，身边没有美酒，只好以苦酒聊酌。

正因为苦酒乃是发酸的劣质酒，后人于是就把苦酒作为醋的别名。《晋书·张华传》讲过一个有趣的故事："陆机尝饷华鲊（zhǎ），于时宾客满座，华发器，便曰：'此龙肉也。'众未之信，华曰：'试以苦酒濯之，必有异。'既而五色光起。机还问鲊主，果云：'园中茅积下得一白鱼，质状殊常，以作鲊，过美，故以相献。'"

"鲊"是用盐和米粉腌制的鱼。陆机送给张华这种腌鱼，张华打开盖子就说："这是龙肉。"见众人不信，张华又说："请用'苦酒'浇在鱼身上，必定有异象出现。"一浇之下，果然有五色光升起。陆机回去问送给自己腌鱼的主人，那人说是白鱼。白鱼就是白鲦，俗称白条鱼，腹白鳞细。古人认为龙是"鳞虫之长"，因此称大鱼为龙，张华所说的龙肉即指这条大鱼的肉。

陆机和张华都是西晋名臣，不可能喝劣质酒，因此这个故事中的苦酒就是醋。《太平御览》卷八百六十六又引《吴录·地理志》："吴王筑城以贮醯醢，今俗人呼苦酒城。"古人管醋叫"醯"，"醯醢"是指用盐和醋等调料调制而成的肉酱，"苦酒城"的称呼即由此而来，吴王当然不可能专门筑一座城来贮藏劣质酒。

北魏时期著名农学家贾思勰所著《齐民要术》卷八中记录了二十一种"作酢法"，即制作醋的方法，其中有"作大豆千岁苦酒法""作小豆千岁苦酒法""作小麦苦酒法""水苦酒法""卒成苦酒法""乌梅苦酒法""蜜苦酒法""外国苦酒法"，都是用各种作物制作醋的方法。

这就是苦酒的来历。先用来称呼酒味发酸的劣质酒，再引申作为醋的别名。今人但知其比喻义，而实不知其原义为并无味道苦涩的酒。

饮鸩止渴

"饮鸩止渴"这个成语的字面意思是用毒酒解渴，比喻义是只图解决眼前的困难而不顾后患。人们常常把"饮鸩止渴"误写作"饮鸠止渴"，这是不对的。"鸩"读作 zhèn，而"鸠"读作 jiū，"鸠"是鸠鸽科的鸟的泛称，比如斑鸠，这种鸟很常见，也没有什么毒性，因为字形相近，人们常常把二者混淆。

古人的日常生活中虽然不会主动饮鸩，但这个成语却牵涉制作毒酒的方法。鸩酒在中国历史上起着非常重要的作用，常常可以看到史书中赏赐鸩酒的记载，皇宫内部的血腥谋杀也以鸩酒为上选。

鸩鸟是一种令人谈虎色变的鸟，南宋学者罗愿所著《尔雅翼·释鸟》中总结了前人关于鸩鸟的形形色色的传说："鸩，毒鸟也，似鹰，大如鸮，毛紫黑色，长颈赤喙，雄名运日，雌名阴谐。天晏静无云，则运日先鸣；天将阴雨，则阴谐鸣之。故《淮南子》云'晕日知晏，阴谐知雨'也。食蝮蛇及橡实，知巨石大木间有蛇虺（huǐ），即为禹步以禁之。或独或群，进退俯仰有度，逡巡石树，为之崩倒，蛇虺无脱者。"

"虺"，毒蛇；"禹步"，跛行，一瘸一拐地行走，传说夏禹治水积劳成疾成了跛子，故称"禹步"。"雄名运日，雌名阴谐"，简直是一对雌雄杀手！除了这两个称谓之外，鸩鸟还称作同力鸟，罗愿接着写道："或曰，取蛇虺时，呼同力数十声，石起蛇出，故江东人呼同力鸟；或曰，禁蛇之声，如以手苔腰鼓。大率蛇入口即烂，矢溺著石，石烂如泥。"

鸩鸟屎尿的毒性连石头都能够腐烂，可谓剧毒。罗愿继续写道："古人以其羽翮（hé）沥酒中，则能杀人，谓之鸩酒。""翮"也指羽毛。

鸩酒中毒后的症状是什么样呢？清代医家陈士铎所著《辨证录·中毒门》中有详细的记录："人有饮吞鸩酒，白眼朝天，身发寒颤，忽忽不知，如大醉之状，心中明白，但不能语言，至眼闭即死。夫鸩毒乃鸩鸟之粪，非鸩鸟之羽毛，亦非鹤顶之红冠也。鸩鸟羽毛与鹤顶红冠皆不能杀人，不过生病，唯鸩粪则毒。此鸟出于异国，异国之人，恐言鸟粪，则人必轻贱，故但名为鸩，以贵重之也。此鸟非蛇、蝎不食，故毒胜于孔雀之粪。孔雀之粪，冲酒饮之，有死有不死，鸩酒饮之则无不死矣。盖鸩毒性热而功缓，善能闭人之气，所以饮之，人即不能语言。发寒颤者，心中热也，心脉通于眼中之大眦（zì），心热则目必上视。眼闭而死者，心气绝而目乃闭也。""眦"指眼眶，心热能够顺着经脉直通到眼眶。

按照陈士铎的说法，有剧毒的乃是鸩鸟的粪便，不是罗愿所记载的鸩鸟的羽毛。更有趣的是，鸩鸟之毒可解，而解毒的方式极其奇特，罗愿写道："凡鸩饮水处，百虫吸之皆死。或得犀牛蘸角其中，则水无毒。此鸟与犀相伏，今南方山川有鸩处必有犀。"

中国历史上用鸩酒杀人的事件要远远追溯到春秋时期。据《国语·晋语》记载，公元前 656 年，晋献公的宠妃骊姬企图谋杀太子申生，"乃置鸩于酒，置堇于肉"。"置"，放置；"堇"，乌头，有毒。结果狗吃了肉，死了，小臣饮了鸩酒，也死了，太子申生赶紧出逃。

鸩鸟因为太过恐怖，而且常常被别有用心的野心家用作实施阴谋诡计的工具，因此历朝历代都严令不准产于南方的鸩鸟过长江。据《晋书·石崇传》载：西晋著名富豪石崇年轻的时候，担任"南中郎将、荆州刺史，领南蛮校尉，加鹰扬将军"。在荆州时，石崇有一次"得鸩鸟雏，以与后军将军王恺。时制，鸩鸟不得过江，为司隶校尉傅祗所纠，诏原之，烧鸩于都街"。

石崇偶尔得到了鸩鸟的幼雏，为了巴结晋武帝的舅父、后军将军王恺，将鸩鸟的幼雏献给了住在首都洛阳城里的王恺，结果监察官傅祗上书弹劾，因为牵涉到外戚王恺，此事不了了之，只是将鸩鸟的幼雏在街头烧死了事。

"时制，鸩鸟不得过江"，一只小小的鸩鸟，竟然让整个朝廷如临大敌，可见其剧毒！

饮鸩止渴这个成语出自《后汉书·霍谞传》。东汉时期，霍谞的舅舅宋光被人诬告擅自更改皇帝的诏书，结果宋光被下狱拷问。霍谞此时才十五岁，挺身而出为舅舅辩护，给负责此案的大将军梁商写了一封辩护书，其中写道："光衣冠子孙，径路平易，位极州郡，日望征辟，亦无瑕秽纤介之累，无故刊定诏书，欲以何名？就有所疑，当求其便安，岂有触冒死祸，以解细微？譬犹疗饥于附子，止渴于酖毒，未入肠胃，已绝咽喉，岂可为哉！"

"附子"是一种多年生草本植物，叶、茎、根都有毒，尤以根毒性最大，因此霍谞以"附子"和"酖毒"作比，"酖"通"鸩"。霍谞这段话的意思是:"宋光出身仕宦之家,仕途顺利,如今已身居地方政府的高官,升官入朝指日可待,而且他的个人品德也没有任何缺陷。这样一个人,即使对皇帝的诏书有所怀疑,也肯定会采取一种非常稳当的办法来解决此事,怎么可能冒着死罪更改诏书呢?这就像用附子来充饥,喝鸩酒来止渴一样,还没有进入肠胃,刚到咽喉处就毒发身亡了,怎么可能有人傻到这么做呢!"这番道理说动了梁商,于是赦免了宋光。

鸩酒"未入肠胃,已绝咽喉",无怪乎人们谈鸩而色变,因此李时珍在《本草纲目》中耸人听闻地写道:鸩鸟的毛"有大毒。入五脏,烂杀人"。东晋葛洪所著《抱朴子·嘉遁》中继承了这一用法:"咀漏脯以充饥,酣鸩酒以止渴也。""漏脯"指隔宿的干肉,古人认为这种肉有毒。从此之后,"饮鸩止渴"就固定为今天我们所使用的成语了。

有现代学者认为鸩鸟就是大冠鹫,又名蛇雕,因为蛇雕以毒蛇为食,因此古人才误以为它的羽毛和粪便中含有剧毒,而现代科学已经否定了这一相沿几千年的离奇传说。

饯行

"饯行"一词今天还在使用。亲友远行，要为之饯行，摆一桌酒宴，大吃大喝一顿了事。虽然尚有远古遗意，但饯行的礼仪却早已缺失了。

《说文解字》："饯，送去也。"为远行之人送别。徐锴解释说："以酒食送也。"饯行一定要有酒食。这种解释过于简单，事实上古人饯行的礼仪要复杂得多，而且深刻体现了祭祀在古人日常生活中的重要性，无时无刻不能缺少。

《诗经·国风·泉水》是一首描写出嫁的卫国女子怀念亲人、思慕祖国的诗篇，其中吟咏道："出宿于泲（jǐ），饮饯于祢（mí）。"这是该女子回忆出嫁时的情景，"泲"和"祢"都是地名。《毛传》如此解释"饮饯"之礼："祖而舍軷（bá），饮酒于其侧曰饯，重始有事于道也。"

这段话包含着丰富的礼仪细节，不太好理解，我们先来看看孔颖达进一步的解释："言祖而舍軷，饮酒于其侧者，谓为祖道之祭，当释酒脯于軷舍。軷即释軷也。于时送者遂饮酒于祖侧，曰饯。饯，送也。所以为祖祭者，重已方始有事于道，故祭道之神也。"

祭祀路神称"祖",又称"祖道"。之所以叫"祖",一说认为"祖"通"徂（cú）",前往；还有一说认为"祖"是始的意思,远行之始,因此要祭祀路神。

"軷"也是路神之祭。据《周礼》记载,周代有"大驭"一职,职责是"掌驭玉路以祀"。"玉路"即玉辂,乃是帝王所乘的以玉为饰的车子。周天子出行的时候,大驭负责掌管祭祀路神。

怎么祭祀呢？"及犯軷,王自左驭,驭下祝,登,受辔,犯軷,遂驱之。及祭,酌仆,仆左执辔,右祭两轵,祭轨,乃饮。"

"軷",郑玄注解说："行山曰軷。"行走于山地叫"軷"。"犯之者,封土为山象,以菩刍棘柏为神主,既祭之,以车轹之而去,喻无险难也。"用土堆成山的模样,用菩、刍、棘、柏这四种草中的任意一种制成神主的牌位,祭祀完毕之后,再用车轮碾过,表示行道已无艰险。

"王自左驭,驭下祝,登,受辔,犯軷,遂驱之。"在祭祀的过程之中,天子在车左边的位置控驭着马,不让它前进,大驭下车向神祝告。祝告完毕,然后登车,从天子的手中接过马缰绳,驾车碾过祭祀的土山,于是驱车前行。

"及祭,酌仆,仆左执辔,右祭两轵（zhǐ）,祭轨,乃饮。""轵"是车轮外端贯穿车轴的小孔；"轨"通"軓",车轴。在祭祀的过程之中,天子让人酌酒敬献给大驭,大驭左手握着马缰绳,右手用酒祭车的两轵,再祭车轴,祭祀完毕之后,将剩下的酒喝尽。

这就是整个祭祀的过程。不过,天子和诸侯之祭还要使用祭牲,天子用犬,诸侯用羊,而卿大夫则不使用祭牲,只用酒脯,即酒和干肉而已。

综上所述,根据《毛传》和孔颖达的解释,饯行之礼必须在郊外举行，首先要设置一个简易的神坛来祭祀路神，或者用祭牲，或者用酒脯，然后众人在神坛之侧饮酒，为远行之人送别。这整个一套礼仪才能称作"饯行"，不祭祀路神而只管大家饮酒吃肉，那是因为祭祀在后人的日常生活中早已失去了重要性而已。"国之大事，在祀与戎"，这就是古人和今人的区别所在。

钟鸣鼎食

"钟鸣鼎食"这个成语虽然产生于古代,但是现在也还在使用,甚至人们的日常用语中也会时不时蹦出这个成语。这个成语用来形容古代富贵人家豪华奢侈的生活。

从字面上来看,"钟鸣鼎食"就是吃饭时击钟鸣乐,以助食兴;还要用贵重的鼎盛着食物端上来。但是进一步分析,"钟鸣鼎食"其实指证着中国历史上根深蒂固的等级制。

古人对钟和鼎的使用有着严格的规定和制度,不能越雷池一步。钟是古代乐器中最重要的一种,不仅是权贵们身份和地位的象征,而且在乐理中也有着重要的作用。《说文解字》:"钟,乐钟也。秋分之音,物种成。"这是说钟是乐钟,即音乐所用之钟,为秋分之音,发出的声音象征秋天物种成熟,代表秋天的品性。因此钟又称"黄钟",黄是五行(金木水火土)中土地的颜色,"黄钟"之音就作为标准音,以此校准别的音。

鼎则是国之重器,本书《食器》中已有详解。贵族之家吃饭时要"列鼎而食",意思是将允许使用的几个鼎按照大小排列起来,从大到小根据等级制依次而食。

"钟鸣鼎食"最初写作"击钟鼎食"。据《左传·襄公三十年》载:"郑伯有耆酒,为窟室,而夜饮酒击钟焉,朝至未已。"郑国国卿伯有是个酒鬼,嗜酒,专门造了一座窟室,即地下室,夜里还在窟室饮酒击钟,通宵达旦。这几句话包含着两个重要信息:一是伯有饮酒的时节乃是夏季,因此才移步窟室;二是伯有乃是卿,因此才有资格击钟。

《史记·货殖列传》的结尾有一大段话,讲述"富者必用奇胜"的道理:"田农,掘业,而秦扬以盖一州。掘冢,奸事也,而田叔以起。博戏,恶业也,而桓发用富。行贾,丈夫贱行也,而雍乐成以饶。贩脂,辱处也,而雍伯千金。卖浆,小业也,而张氏千万。洒削,薄技也,而郅氏鼎食。胃脯,简微耳,浊氏连骑。马医,浅方,张里击钟。"

农耕是粗劣之业,而秦扬却靠它富甲一州;盗墓是非法之事,而田叔却靠它起家;赌博是不正当的职业,而桓发却靠它致富;行走叫卖是男人低下的行业,而雍乐成却靠它发财;贩卖油脂是耻辱的行当,而雍伯却靠它挣到了千金;卖浆是微贱的行业,而张氏却靠它富至千万;"洒削"指洒水磨刀,乃是没有什么技术含量的手艺,而郅氏却靠它列鼎而食;"胃脯"指煮熟后又晒干的羊肚儿,本是微不足道的食物,而浊氏却靠它车马众多;给马治病是简单的医术,而张里却靠它击钟而食。

"郅氏鼎食""张里击钟",此之谓"击钟鼎食",司马迁评价道:"此皆诚壹之所致。"不过,这些致富的人都属于平民百姓,因此,班固在《汉书·货殖传》中的评价迥异于司马迁:"故秦杨以田农而甲一州,翁伯以贩脂而倾县邑，张氏以卖酱而隃侈，质氏以洒削而鼎食，浊氏以胃脯而连骑，张里以马医而击钟，皆越法矣。"致富之后的行径都属于越法之举。

由此可见，"钟鸣鼎食"首先并非讽刺古代贵族豪华奢侈的日常生活，而是体现了等级制社会日常生活的种种礼制。这种礼制非常严格，甚至连钟和鼎身上的各种部件都有固定的称呼，一点儿都错不得。今天的人们，对"钟鸣鼎食"的理解其实相差甚远。

吃饭就吃饭，为什么还要击钟奏乐呢？针对这个疑问，班固在《白虎通义》中解释说："王者食所以有乐何？乐食天下之太平、富积之饶也，明天子至尊，非功不食，非德不饱。"原来，奏乐是为了歌颂"天下之太平、富积之饶"。

《礼记·王制》中也有同样的描述："三年耕，必有一年之食；九年耕，必有三年之食。以三十年之通，虽有凶旱水溢，民无菜色，然后天子食，日举以乐。"这就是古时的"耕三余一"制度：耕种三年才能积余下一年的粮食，耕种九年才能积余下三年的粮食。古人以三十年为一世，三十年就能够积余下九年的粮食，即使干旱水涝，百姓也不会挨饿，因此"天子食，日举以乐"，庆祝太平盛世。

《论语·微子》中写道："大师挚适齐，亚饭干适楚，三饭缭适蔡，四饭缺适秦，鼓方叔入于河，播鼗（táo）武入于汉，少师阳、击磬襄入于海。""鼗"，小鼓。这段话的意思是：鲁哀公时，礼崩乐坏，乐人们都离开了鲁国，太师挚去了齐国，二饭的乐官干去了楚国，三饭的乐官缭去了蔡国，四饭的乐官缺去了秦国，击鼓的方叔到了黄河北岸，击小鼓的武到了汉水边，叫阳的少师和击磬的襄到了海边。

什么叫"亚饭""三饭""四饭"？邢昺注解说："天子诸侯每食奏

乐，乐章各异，各有乐师。""亚饭""三饭""四饭"都是乐官名，分别是在天子和诸侯第二次、第三次、第四次进食时奏乐的乐官。鲁国的首任国君是周武王的弟弟周公之子伯禽，因此鲁国乃属于周王朝的宗邦，可以比照周天子的礼制，实行一日四餐制，也因此而有"四饭"之官。

每食奏乐的礼制，到清代时就早已经衰微了。尚秉和先生在《历代社会风俗事物考》一书中感叹道："清时督抚提镇署外，辄有钟鼓楼，峙列东西，然日久成具文，只督抚出时，鸣炮吹笛，食时无奏乐者。而边荒提镇衙署，建树威严，食时辄吹笛三声，搉鼓三声，俾市民闻知，俗所谓三吹三打，岂知仍成周遗意哉！"

食指大动

日常生活中,人们经常用"食指大动"来预示将有口福,好东西快要送到嘴边了。为什么偏偏用"食指"来指代,而不是其他四根指头呢?而且,第二根指头为什么命名为"食指"呢?相信很多人都不清楚。

这个来源可就太早了,可以一直追溯到春秋时期。《左传·宣公四年》讲述了一个非常有趣的故事:"楚人献鼋(yuán)于郑灵公。公子宋与子家将见。子公之食指动,以示子家,曰:'他日我如此,必尝异味。'"

"鼋"是大鳖,俗称团鱼。楚国人献给郑灵公一只团鱼,郑国的大夫公子宋和子家将要进见,公子宋的食指忽然自己动了起来,就把它给子家看,说:"以往我出现这种情况,一定会尝到珍异的美味。"

"及入,宰夫将解鼋,相视而笑。公问之,子家以告。及食大夫鼋,召子公而弗与也。子公怒,染指于鼎,尝之而出。公怒,欲杀子公。子公与子家谋先。"

等进去以后,厨师正准备分解团鱼,二人相视而笑。郑灵公很好奇，问他们为什么这么神秘地笑，子家就把刚才的一番话告诉了郑灵公。等到把团鱼赐给大夫们吃的时候，郑灵公也把公子宋召来，但是却不给他吃。公子宋大怒，把手指蘸在鼎里，尝了尝味道就出去了。郑灵公见状也是大怒，欲杀公子宋，公子宋就和子家策划先动手。

"染指于鼎"，公子宋的这个动作诞生了直到今天还在使用的两个日常俗语："染指"，比喻为了获取不应得的利益而插手某件事；"食指"，因为公子宋染的就是第二根指头，故称"食指"。

这个有趣的故事的结局是："子家曰：'畜老，犹惮杀之，而况君乎？'反谮（zèn）子家，子家惧而从之。夏，弑灵公。""谮"是诬陷之意。子家说："畜牲老了，要杀它尚且有所顾忌，更何况杀国君了。"公子宋就反过来要诬陷子家，子家害怕，只好听从。夏天的时候，杀了郑灵公。

郑灵公因为一个玩笑而丧失了生命，公子宋则因为一个玩笑而创造了"染指""食指"和"食指大动"这三个俗语。

"子公之食指动"，孔颖达引东汉学者服虔的话说："俗所谓啑（shà）盬指也。""啑"和"盬"都是用嘴吸的意思，今天人们如果用手指品尝食物或者指点某样东西的时候，用得最多的仍然是食指，古今皆然。

"食指"既以"食"为名，古人因此用它来指代家庭人口，比如"食指浩繁"，指家庭中赖以抚养、依之为食的人口众多。

"食指"的来源明白了，那么其他几个指头呢？

大拇指称"巨指"。《仪礼·大射仪》载："右巨指钩弦。"郑玄注解说："右巨指，右手大擘（bò），以钩弦，弦在旁，挟由便也。"又称"擘指"，"擘"是裂开、分开的意思，段玉裁《说文解字注》解释说："巨擘，谓手大指也。凡大指主开，余四指主合，故谓之巨擘。"说得非常清楚。有趣的是，"巨擘"其实是"巨指"和"擘指"这两个大拇指称谓的合写。《孟子·滕文公下》中写道："于齐国之士，吾必以仲子为巨擘焉。"在齐国的士人中，我一定认为陈仲子是杰出人物。这是由大拇指引申而为最为杰出的人物。

今天人们称呼的"拇指"或"大拇指"，均指手的拇指，但最初的时候，"拇指"却是特指脚的第一趾。《黄帝内经·素问·骨空论》中写道："膝痛，痛及拇指，治其腘（guó）。""腘"指腿弯儿。膝盖疼痛，一直痛到脚的大趾，这种情况要从腿弯儿治起。可见"拇指"乃是脚的大趾。《周易·咸卦》中说："初六：咸其拇。"孔颖达解释说："拇是足大指也，体之最末……今初六所感浅末，则譬如拇指，指虽小动，未移其足，以喻人心初感，始有其志。"又如《庄子·骈拇》的第一句话就是："骈（pián）拇枝指，出乎性哉！""骈"是连接的意思，"骈拇"即指脚的大趾和第二趾连在了一起；"枝指"即六指。这句话的意思是：畸形的脚趾和畸形的六指，是天生的。

从东汉时期开始，"拇指"的称谓从脚移到了手，但仍然不是指大拇指，而是指中指。手的中指和脚的大趾都称"将指"，上引《左传·宣公四年》"子公之食指动"，孔颖达解释说："谓大指为将指者，将者，言其将领诸指也。足之用力，大指为多；手之取物，中指最长。故足以大指为将指，手以中指为将指。"因此，《说文解字》说："拇，将指也。""拇指"即指手的中指。

"拇战"一词是划拳的雅称，今天很多地方喝酒划拳时禁止出中指，就像竖中指一样，被认为是不礼貌的表示，但其实正如拇指本来指手的中指，拇战出中指恰恰符合"拇指"的本义。

至于从什么时候起"拇指"演变而为手的大指的称谓，早已无法考证了。

手的第四指称"无名指"。《孟子·告子上》中讲过这个手指的故事:"今有无名之指、屈而不信,非疾痛害事也,如有能信之者,则不远秦、楚之路,为指之不若人也。指不若人,则知恶之;心不若人,则不知恶,此之谓不知类也。"

这段话的意思是:有个人的无名指伸不直,虽然不痛苦,也不妨碍工作,但如果有人能够治好(使其伸直),就是到秦国、楚国去也不嫌远(而在求治),因为这根指不如别人。手指不如别人还知道嫌恶,心性不如别人却不知道嫌恶,这就叫不知道轻重。

东汉学者赵岐注解说:"无名之指,手之第四指也,盖以其余指皆有名。无名指者,非手之用指也。"因为没有用处就命名为"无名指",古人可真够势利的!

手的第五指称"小指",又称"季指","季"是伯、仲、叔、季排行的最后一位,故有此称。

黄瓜

黄瓜是人们经常食用的蔬菜，属于一年生蔓生或攀缘草本的葫芦科植物。众所周知，黄瓜明明是绿色的，可是为什么偏偏要叫"黄瓜"呢？

古代中国人最早把黄瓜叫作"胡瓜"，"胡"到底指的是哪个国家？有的植物学家认为黄瓜的原产地是印度，因此这个"胡"就是指印度；美国东方学家劳费尔在《中国伊朗编》一书中则认为黄瓜"属于埃及西亚细亚栽种范围之内"，经由伊朗传入中国，按照这种说法，"胡"指的就是伊朗。

"胡瓜"其名，最早见于南北朝时期北魏著名农学家贾思勰所著《齐民要术》一书，该书中记载有"种越瓜、胡瓜法"："四月中种之。胡瓜宜竖柴木，令引蔓缘之。"《齐民要术》大约成书于北魏末年，公元六世纪，也就是说，胡瓜传入中国，当在公元六世纪之前。

那么，"胡瓜"的称呼明明叫得好好的，为什么偏偏非要改名叫"黄瓜"呢？《齐民要术》中说："收胡瓜，候色黄则摘。若待色赤，则皮存而肉消也。"这一记载很奇怪，因为我们知道，色黄则老，老了的黄瓜是不能吃的，而贾思勰竟然还说有色赤的黄瓜！按照常识，黄瓜放得再久，即使"皮存而肉消"，也绝不可能变成红色的表皮。更重要的是，绿色乃是黄瓜的主色调，这也是黄瓜还有一个别名叫"青瓜"的原因所在，青者，深绿色也。

因此，更名为"黄瓜"，并非是因为黄瓜之"黄"，事实上，黄瓜呈油绿或翠绿色，如果一定要按照颜色来更名，那就更应该叫"绿瓜"才对。既然如此，"胡瓜"更名为"黄瓜"，一定另有原因。

在《本草纲目》一书中，李时珍记载了"黄瓜"其名的两个出处："藏器曰：北人避石勒讳，改呼黄瓜，至今因之。"陈藏器是唐代著名医学家，石勒是五胡十六国时期后赵的开国皇帝。石勒属于"五胡"之一的羯族，避讳"胡"字，因而改名"黄瓜"。

李时珍又记载："杜宝《拾遗录》云：'隋大业四年避讳，改胡瓜为黄瓜。'与陈氏之说微异。"唐人杜宝还著有《大业杂记》一书，其中写道："（隋炀帝大业四年）九月，自塞北还至东都，改胡床为交床，改胡瓜为白露黄瓜，改茄子为昆仑紫瓜。"

"胡床"可不是指我们现在睡觉的床，而是一种可以折叠的轻便行军椅，自印度传入，故称"胡床"。隋炀帝更名为"交床"，取其四足相交之意，其实就是中国式的马扎加上一个靠背而已。

至于"改胡瓜为白露黄瓜"，白露是二十四节气之一，每年阳历的九月八日前后，此时黄瓜开始收获，故有此称。

唐代史学家吴兢在《贞观政要·慎所好》中也有同样的记载："贞观四年，太宗曰：'隋炀帝性好猜防，专信邪道，大忌胡人，乃至谓胡床为交床，胡瓜为黄瓜，筑长城以避胡。'"载明"胡瓜"改名为"黄瓜"乃是隋炀帝所为。

网络上有一个广为流传的说法，先引录于下："石勒制定了一条法令：无论说话写文章，一律严禁出现'胡'字，违者问斩不赦。有一天，石勒在单于庭召见地方官员，当他看到襄国郡守樊坦穿着打了补丁的破衣服来见他时，很不满意。他劈头就问：'樊坦，你为何衣冠不整就来朝见？'樊坦慌乱之中不知如何回答是好，随口答道：'这都怪胡人没道义，把衣物都抢掠去了，害得我只好褴褛来朝。'他刚说完，就意识到自己犯了禁，急忙叩头请罪。石勒见他知罪，也就不再指责。等到召见后例行'御赐午膳'时，石勒又指着一盘胡瓜问樊坦：'卿知此物何名？'樊坦看出这是石勒故意在考问他，便恭恭敬敬地回答道：'紫案佳肴，银杯绿茶，金樽甘露，玉盘黄瓜。'石勒听后，满意地笑了。自此以后，胡瓜就被称作黄瓜，在朝野之中传开了。"

这个故事虽然生动，但却属于无稽之谈，因为根本没有出处，不知道是哪位的随意杜撰，竟然成为流行答案，今人读书之不求甚解，于此可见一斑。

《晋书·石勒载记》中记载了一个故事："勒以参军樊垣清贫，擢授章武内史。既而入辞，勒见垣衣冠弊坏，大惊曰：'樊参军何贫之甚也！'垣性诚朴，率然而对曰：'顷遭羯贼无道，资财荡尽。'勒笑曰：'羯贼乃尔暴掠邪！今当相偿耳。'垣大惧，叩头泣谢。勒曰：'孤律自防俗士，不关卿辈老书生也。'赐车马衣服装钱三百万，以励贪俗。"

上面的故事当是由此演义而来，但将"樊垣"误为"樊坦"，将"章武内史"误为"襄国郡守"，可见纯属杜撰。在和石勒的对话中，樊垣之所以大惧，是因为"羯贼"的称谓，石勒正属羯族，正好犯了忌讳。

相对于"北人避石勒讳，改呼黄瓜"的说法，杜宝和吴兢的记载更为可信。隋王室有鲜卑血统,统一中国之后,"讳胡"乃是理所当然之事,因此隋炀帝才将涉"胡"的字眼一律更换。不过黄瓜是绿色,隋炀帝为何改为黄色呢?上述记载都没有给出说明。这还要从中国古代的五色系统说起。

中国古代把颜色分为正色和间色两种,正色指青、赤、黄、白、黑五种纯正的颜色,间色指绀(gàn,红青色)、红(浅红色)、缥(piǎo,淡青色)、紫、流黄(褐黄色)五种由正色混合而成的颜色。正色和间色成为明贵贱、辨等级的工具,要求非常严格,丝毫不得混用。

而在五种正色之中,按照五行学说,黄为土色,位在中央,因此黄色属于中央之色。隋朝以异族的鲜卑血统入主中国,隋炀帝正是为了宣示隋王室统治的正统性,才无视黄瓜之绿色而改为黄色。这才是"胡瓜"之所以改为"黄瓜"这一称谓的真正语源。同时,将"胡瓜"之"胡"除去,将"胡瓜"嫁接入正统的中国瓜文化的象征谱系,寄寓着隋王室"绵绵瓜瓞",子子孙孙,永葆江山的美好祈愿。

不过,纵观历朝历代,"胡瓜"和"黄瓜"的称谓并行不悖,而这两个称谓的分布规律也极为有趣,张平真先生所著《中国蔬菜名称考释》一书中对此进行了总结:"追寻其规律,大概是这样:在隋朝以后,凡属汉族居统治地位的时期,多以古称'胡瓜'为正名。凡属少数民族居统治地位的时期,其官方均以讳称'黄瓜'为正名;而在民间,北方人或在北方人的著述中,多称其讳称'黄瓜'称谓,但南方人或在南方人的著作中,则多沿用古称'胡瓜'。进入民国,又恢复'胡瓜'的古称。现在则改以'黄瓜'为正式名称。"

鲍鱼之肆

鲍鱼是今天餐桌上的名贵海鲜，大家吃得心满意足的时候常常会觉得奇怪：这么好吃的美味，古人为什么说它臭呢？说鲍鱼很臭，很多人都会举《颜氏家训》中的一段话为例："与善人居，如入芝兰之室，久而自芳也；与恶人居，如入鲍鱼之肆，久而自臭也。"出自南北朝时期著名学者颜之推的这本《颜氏家训》实在是太有名了，加上这段话又流传久远，因此很多人都误以为"鲍鱼之肆"这个典故最早就出自《颜氏家训》。其实这是一种误解。

先说古今鲍鱼的不同。今天我们常吃的海鲜鲍鱼，在中国古代并不叫鲍鱼，而是叫鳆鱼。《后汉书·伏隆传》有"献鳆鱼"的记事，李贤作注，引述了三种古籍中的说法："郭璞注《三苍》云：'鳆似蛤，偏着石。'《广志》曰：'鳆无鳞有壳，一面附石，细孔杂杂，或七或九。'《本草》云：'石决明，一名鳆鱼。'"

决明是一年生草本豆科植物，种子称决明子，有清肝明目之功效。鳆鱼之所以别称"石决明"，是因为它附着在海中的大石上，壳可入药，同样有清肝明目之功效，故称"石决明"，又称"千里光"。这些别名都是从功效而来。

而古代的鲍鱼,则是指腌鱼。郑玄为《周礼》"鲍鱼"所作的注中解释说:"鲍者,于煏(bì)室中糗(qiǔ)干之,出于江淮也。""煏"是用火烘干的意思;"糗"是将米、麦等谷物炒熟后磨成的粉,充作远行的干粮。"出于江淮",证明这种鱼乃是海鱼。

郑玄的注解还不清楚,《说文解字》则解释说:"鲍,饐(yì)鱼也。"段玉裁注解说:"饐,饭伤湿也。故盐鱼湿者为饐鱼。""饐"指放得长久而变味的食物。东汉学者刘熙所著《释名·释饮食》中写道:"鲍,腐也,埋藏淹使腐臭也。"

综上所述,张舜徽先生在《说文解字约注》一书中总结说:"古人所谓鲍鱼,即今俗所称腌鱼。腌鱼之法,用盐不宜少,少则易臭;或久腌而不使之早干,则臭气大,鲍鱼之肆,终年秽臭。"

古人之所以将这种海鱼做成腌鱼,同糗一样,也是方便作为远行的干粮。

鲍鱼既是用盐腌过的咸鱼,味道当然腥臭,还记得秦始皇死后的那幕著名场景吗?据《史记·秦始皇本纪》载:秦始皇在巡游途中病死,李斯和赵高秘不发丧,"会暑,上辒(wēn)车臭,乃诏从官令车载一石鲍鱼,以乱其臭"。"辒车"是用作丧车的卧车。当时刚好是暑天,为了掩盖尸体的臭味,就在秦始皇的车旁再放置一辆车子,上面载满了鲍鱼,"以乱其臭",分不清到底是尸臭还是鱼腥臭。

"鲍鱼之肆"的典故最早并非出自颜之推之口,远在汉代就已经成型了。据《孔子家语·六本》记载:"孔子曰:'吾死之后,则商也日益,赐也日损。'""商"指孔子的弟子卜商,字子夏;"赐"指孔子的弟子端木赐,字子贡。孔子说:"我死之后,子夏会天天进步,子贡会天天退步。"

"曾子曰:'何谓也?'"为什么这样说?

"子曰:'商也好与贤己者处,赐也好说不若己者。不知其子,视其父;不知其人,视其友;不知其君,视其所使;不知其地,视其草木。故曰与善人居,如入芝兰之室,久而不闻其香,即与之化矣;与不善人居,如入鲍鱼之肆,久而不闻其臭,亦与之化矣。'"

这段话很好理解,不再译为白话文。孔子的意思是说子夏喜欢和比自己贤能的人相处,而子贡则喜欢不如自己的人。前者就有如"入芝兰之室",后者就有如"入鲍鱼之肆"。

孔子最后得出结论:"丹之所藏者赤,漆之所藏者黑,是以君子必慎其所与处者焉。"所谓"近朱者赤,近墨者黑",就是这个道理。

据《大戴礼记》记载,曾子生了病,同样借用孔子的这番话教育两个儿子:"与君子游,苾(bì)乎如入兰芷之室,久而不闻,则与之化矣;与小人游,贷乎如入鲍鱼之次,久而不闻,则与之化矣。是故,君子慎其所去就。"

"苾"是芳香之意;"贷"的本义是给予,曾子在这里的意思是说,与小人交游,就像把自己给予对方却最终会遭弃一样,双方无法共事;"鲍鱼之次"和"鲍鱼之肆"都是指卖鲍鱼的市场和店铺。

因为这两个比喻,后人就把君子比作"芝兰"或"兰芷",这些都是香草,君子所处的地方即为"芝兰之室"或"兰芷之室";相反,把小人和坏人扎堆的地方比作"鲍鱼之肆"。在鲍鱼之肆里待的时间长了,受小人和坏人的影响,不仅对小人和坏人的举动习以为常,自己也会变坏的。因此孔子和曾子都告诫人们,如果想成为道德高尚的君子,就要远离鲍鱼之肆。

有趣的是，宋室南渡，犹以中原文化为正统，乃至将江浙口音贬斥为"鲍鱼音"。据南宋学者张端义所著《贵耳集》载："德寿、孝宗在御时，阁门多取北人充赞喝，声雄如钟，殿陛间颇有京洛气象。自嘉定以来，多是明、台、温、越人在阁门，其声皆鲍鱼音矣。"

"阁门"指负责官员朝参、宴饮、礼仪等事宜的机关。宋高宗、孝宗在位的时候，这些官员还都是从北方来的人，唱赞的时候声音洪亮；自宋宁宗以来，渐渐开始起用江浙人充任，他们的声音被称作"鲍鱼音"。这里的"鲍鱼"应该是指产自江浙、用来腌制腌鱼的海鱼，因为那时今天的鲍鱼仍然叫鳆鱼。可想而知，江浙口音在北方人听来十分难懂，因此才把这种口音贬称为海鱼发出的"呕哑嘲哳难为听"的声音。